U0655560

高等院校经济管理类专业应用型系列教材

利息理论

Interest Theory

于文广　王　霞　主　编

白燕飞　杜立金　副主编

中国财经出版传媒集团

经济科学出版社
Economic Science Press

·北京·

图书在版编目（CIP）数据

利息理论／于文广，王霞主编；白燕飞，杜立金副主编 . -- 北京：经济科学出版社，2025.6. -- （高等院校经济管理类专业应用型系列教材）. -- ISBN 978 - 7 - 5218 - 7122 - 7

Ⅰ. F032.2

中国国家版本馆 CIP 数据核字第 2025G12A01 号

责任编辑：杜　鹏　常家凤
责任校对：刘　娅
责任印制：邱　天

利息理论
LIXI LILUN
于文广　王　霞　主　编
白燕飞　杜立金　副主编
经济科学出版社出版、发行　新华书店经销
社址：北京市海淀区阜成路甲 28 号　邮编：100142
编辑部电话：010 - 88191441　发行部电话：010 - 88191522
网址：www. esp. com. cn
电子邮箱：esp_bj@ 163. com
天猫网店：经济科学出版社旗舰店
网址：http：//jjkxcbs. tmall. com
固安华明印业有限公司印装
787 × 1092　16 开　9.5 印张　200000 字
2025 年 6 月第 1 版　2025 年 6 月第 1 次印刷
ISBN 978 - 7 - 5218 - 7122 - 7　定价：32.00 元
（图书出现印装问题，本社负责调换。电话：010 - 88191545）
（版权所有　侵权必究　打击盗版　举报热线：010 - 88191661
QQ：2242791300　营销中心电话：010 - 88191537
电子邮箱：dbts@ esp. com. cn）

前　言

近年来，随着金融、保险等行业的高速发展，其对人才的需求产生了显著转变。传统单一技能的人才已难以满足行业发展的需求，未来行业的发展更需要兼具金融专业知识、风险管理能力、数字化技能以及创新思维的复合型人才。人才需求的转变不仅要求提高从业人员的专业知识和技能，还需要高校在专业教育和培训方面更加系统和有针对性。基于此，我们组织多年从事课程教学、科研和实践的教师，精心编写出这本《利息理论》教材，努力为学生和读者能够扎实地掌握利息的相关知识、理论和方法，建立起认知和理解的桥梁。

本教材通过全面阐述利息的各种度量方式，使学生具有年金产品、债务方案、个人理财等方面的综合设计和分析技能，具备金融创新思维能力，能够融通跨学科知识解决金融保险领域的复杂问题。本教材共分为五章。第 1 章是利息的度量，主要介绍了利息的基本概念和形成原理，分析并给出了利息的各种度量方式。第 2 章是年金，主要介绍了各种年金的概念，分析并给出了各种年金现值和积累值的含义、计算方法和实际应用。第 3 章是收益率，主要介绍了收益率的含义，分析并给出了再投资收益率、投资额加权收益率、时间加权收益率、投资组合法的含义、计算方法和实际应用。第 4 章是债务偿还，分析并给出了贷款余额的计算方法，分期偿还表、偿债基金表的构建方法及其实际应用。第 5 章是债券及其定价理论，主要介绍了债券的定义、定价原理，分析并给出了债券价格、债券收益率的计算方法和实际应用。

本教材主要有以下特色。

1. 融入思政元素

围绕思想引领、知识传授、能力提升的目标，将习近平新时代中国特色社会主义思想以及社会保障领域的国家战略、制度构建、法律法规、政策措施和取得的成果等内容，融入教材的专业知识、例题、案例等，使学生树立对社会主义制度的认同感，塑造正确的价值观和消费观，具备良好的职业道德素养。

2. 多学科思维融合，实践性强

教材的内容如年金的计算、债务偿还、债券定价等融合了金融学、投资学等多学科的知识，融入了银行业、保险业和金融业等多个行业的实际案例，同时每章的例题都引入了 Excel 实现，多学科思维融合，理论联系实践，在保证学生掌握专业知识的基础上，培养学生的实际操作能力和问题解决能力。

3. 具有国际视野与前瞻性

教材内容在吸取国际经典理论成果的基础上，融入了国内外保险前沿热点，同时涵盖了中国精算师考试、国际精算师考试的内容，做到了国际惯例与中国实际的结合。

本教材由四位教学与实践经验丰富的专业老师合作完成，具体分工是：第 1 章、第 2 章由王霞副教授编写；第 3 章、第 5 章由白燕飞副教授编写；第 4 章由杜立金副教授编写；最后由于文广教授总纂修改并定稿。四位教师紧密合作，结合多年的教学经验和实践心得，力求本教材能符合当前的人才培养需求，贴合读者的特点与诉求。

本教材不仅可以作为高等院校金融学、保险学、精算学本科专业的主干教材以及社会保障、投资学、会计学等财经类专业的选修课教材，也可以作为金融保险界从业人员和广大投保人的自学参考用书。

编者
2025 年 5 月

目　　录

第1章　利息的度量

本章主要讲述了利息的相关概念以及度量利息的各种方式，包括实际利率、实际贴现率、名义利率、名义贴现率和利息力。

1.1　利息的相关概念

1.1.1　利息的概念

从债权债务的角度，利息是债务人为了取得资金的使用权而支付给债权人的报酬。例如，某住房抵押贷款，借款人借款 17 万元，20 年还清，月还款额为 1300 元，则借款人还的总利息为 14.2 万元，此 14.2 万元就是借款人为了取得资金的使用权而支付给银行的报酬。

从投资的角度来看，利息是一定量的资本经过一段时间的价值增值。例如，1000 元以年实际利率 5% 存款 1 年，可得利息 50 元。

总结来说，利息是一定时期内，资金的拥有人将资金的使用权转让给借款人后得到的报酬。

1.1.2　利息度量的基本概念

1.1.2.1　本金

每项业务开始时投资的金额称为本金。

1.1.2.2　积累值

业务开始一定时间后回收的总金额称为该时刻的积累值（或终值）。

1.1.2.3 利息金额

积累值与本金的差额就是这一时期的利息金额。

1.1.2.4 度量期

投资期的长度可以用不同的时间单位来度量。例如，日、周、月、季、半年、一年等。用来度量投资期长度的时间单位称为"度量期"或"期"，最常用的是年。

1.1.2.5 积累函数

（1）定义：0 时刻投资的一单位本金在 t 时刻的积累值称为该时刻的积累函数，记为 $a(t)$。

（2）积累函数的性质：$a(t)$ 是 t 的函数，且 $a(0) = 1$；$a(t)$ 一般为 t 的单调递增函数，也即利息是非负的，但是负利息或者零利息的情况在现实生活中也存在，比如投资亏损或者没有盈利时，此时积累函数为递减函数或者常数；$a(t)$ 一般为 t 的连续函数，因为一般情况下利息是连续不断地产生的。

1.1.2.6 总量函数 $A(t)$

0 时刻投资的 k 单位本金在时刻 t 的积累值称为总量函数，记为 $A(t)$，则有 $A(t) = k \times a(t)$。

【例 1 – 1】 已知某项投资的积累函数为 $a(t) = at^2 + b$；0 时刻 100 元的投资，在 5 时刻的积累值为 300；求 a、b 的值。

解： 由 $A(5) = 300 = 100a(5)$，得 $300 = 100(25a + b)$。根据积累函数的性质，$b = 1$，所以 $a = 0.08$。

【例 1 – 2】 设某时刻的积累函数为 $a(t) = at^2 + b$，已知 $a(6) = 73$，则 0 时刻投资的 10 单位本金在 8 时刻的积累值为？

解： 由 $73 = a(6) = 36a + b$，且根据积累函数的性质，$b = 1$，所以 $a = 2$。
$A(8) = 10 \times a(8) = 10 \times (2 \times 64 + 1) = 1290$。

1.1.2.7 t 期折现因子

（1）定义：称积累函数 $a(t)$ 的倒数 $a^{-1}(t)$ 为 t 期折现因子或折现函数。特别地，把一期折现因子 $a^{-1}(t)$ 简称为折现因子，并记为 v。

（2）意义：t 期折现因子 $a^{-1}(t)$ 是为了使在 t 期期末的积累值为 1，而在开始时投资的本金金额。

1.1.2.8　现值或折现值

把为了在 t 期期末得到某个积累值，而在开始时投资的本金金额称为该积累值的现值（或折现值）。

注意：积累和折现的区别。积累和折现是两个相反的过程，积累值和过去支付的款项有关，现值和未来得到的款项有关。$a(t)$ 是 0 时刻的 1 单位本金在 t 时刻的积累值；$a^{-1}(t)$ 是 t 时刻的 1 单位本金在 0 时刻的现值。

【例 1 – 3】 已知积累函数 $a(t) = 4t + 1$，则为了在 3 时刻得到 100 元，在 0 时刻应该投入的金额为？

解： $PV = 100a^{-1}(3) = 100/(4 \times 3 + 1) = 100/13 = 7.69$。

【例 1 – 4】 已知积累函数为 $a(t) = 1.2^t + 0.5t$，求 2 时刻的 500 万元在 3 时刻的积累值？

解： 积累值 $= 500a(3)/a(2) = 661.48$（元）。

【例 1 – 5】 已知总量函数 $A(t) = at^2 + bt + c$，且 $A(0) = 100$，$A(1) = 110$，$A(2) = 136$。计算 1 时刻投资的 100 万元在 10 时刻的积累值。

解： 由 $A(0) = 100$，得 $c = 100$；由 $A(1) = 110$，得 $a + b + c = 110$；由 $A(2) = 136$，得 $4a + 2b + c = 136$；故 $a = 8$，$b = 2$，$c = 100$；$a(t) = \dfrac{A(t)}{100} = \dfrac{8t^2 + 2t + 100}{100}$。

所以积累值为：$\dfrac{100a(10)}{a(1)} = 836.36$（万元）。

1.1.2.9　利息金额

把从投资日算起第 n 个度量期内所得的利息金额记为 I_n，则 $I_n = A(n) - A(n-1)$，I_n 表示在第 n 个度量期内所产生的，在 n 时刻支付的利息量。

1.2　实　际　利　率

1.2.1　实际利率的定义

某一个度量期上的实际利率是指该度量期内获得的利息金额与该度量期期初投入的本金金额之比，通常实际利率用字母 i 表示。

1.2.2　实际利率公式的推导

记 i_1 为第一个度量期上的实际利率，实际上它是单位本金在第一个度量期内产生的利息金额。

也即:

$$a(1) = a(0) + i_1 = 1 + i_1$$

$$i_1 = 1 + i_1 - 1$$

$$= a(1) - a(0)$$

$$= \frac{a(1) - a(0)}{a(0)}$$

$$= \frac{A(1) - A(0)}{A(0)}$$

$$= \frac{I_1}{A(0)}$$

假设 i_n 为从投资日算起第 n 个度量期上的实际利率,则:

$$i_n = \frac{a(n) - a(n-1)}{a(n-1)} = \frac{A(n) - A(n-1)}{A(n-1)} = \frac{I_n}{A(n-1)} \qquad (1.1)$$

【例 1-6】某人到银行存入 1000 元,第 1 年末存折上的余额为 1050 元,第 2 年末存折上的余额为 1100 元,问第 1 年、第 2 年的实际利率分别为多少?

解: 分别为 5% 和 4.76%。

【例 1-7】已知 $A(t) = 2t + 5$,求 $a(t)$, I_3, i_4。

解: 根据相关公式得:

$$a(t) = (2t + 5)/5$$

$$I_3 = 2$$

$$i_4 = 2/11$$

1.2.3　单利和复利

1.2.3.1　单利、复利的定义

单利:0 时刻投资一单位本金,如果其在 t 时的积累值为:

$$a(t) = 1 + it \qquad (1.2)$$

则称这笔投资以每期单利 i 计息,并称这样的计息方式为单利。

复利:0 时刻投资一单位本金,如果其在 t 时的积累值为:

$$a(t) = (1 + i)^t \qquad (1.3)$$

则称这笔投资以每期复利 i 计息,并称这样的计息方式为复利。

1.2.3.2　单利和复利的比较

(1) 从每个度量期上产生的利息量来看。在常数的单利 i 下,假设 0 时刻投

资 1 单位本金，则 $I_n = a(n) - a(n-1) = (1 + ni) - [1 + (n-1)i] = i$，是个常数。

在常数的复利 i 下，假设 0 时刻投资 1 单位本金，则 $I_n = a(n) - a(n-1) = (1 + i)^n - (1 + i)^{n-1} = i(1 + i)^{n-1}$，随着 n 的增大而增大。

（2）从积累形式来看。在单利 i 下，上一个度量期上所产生的利息并不作为投资本金在以后的度量期上再赚取利息。在复利 i 下，在任何时刻，本金和到该时刻为止所得到的利息，总是用于投资以赚取更多的利息。

（3）从积累函数的大小来看。在常数的单利 i 下，积累函数为 $a(t) = 1 + it$；在常数的复利 i 下，积累函数为 $a^*(t) = (1 + i)^t$。则当 $t = 1$ 时，$a(t) = a^*(t)$；当 $0 < t < 1$，$a(t) > a^*(t)$；当 $t > 1$，$a(t) < a^*(t)$。

证明：做辅助函数 $f(t) = (1 + i)^t - (1 + ti)$，对 i 求导数，得：

$$f'(t) = t(1 + i)^{t-1} - t = t[(1 + i)^{t-1} - 1]$$

当 $t > 1$ 时，$f'(t) > 0$，$f(t)$ 单调递增，所以 $f(t) > f(0) = 0$，得到 $a(t) < a^*(t)$；当 $0 < t < 1$ 时，$f'(t) < 0$，$f(t)$ 单调递减，所以 $f(t) < f(0) = 0$，得到 $a(t) > a^*(t)$。

（4）常数的单、复利与实际利率的关系。假设某项投资每期以单利 i 计息，令 $i_n (n \geq 1)$ 为第 n 个度量期上的实际利率，则：

$$i_n = \frac{a(n) - a(n-1)}{a(n-1)} = \frac{(1 + in) - [1 + i(n-1)]}{1 + i(n-1)} = \frac{i}{1 + i(n-1)}, \text{对整数 } n \geq 1$$

$$(1.4)$$

所以 i_n 关于 n 递减，且当 n 取值较大时，实际利率 i_n 将变得较小。因此，常数的单利意味着递减的实际利率。

假设某项投资每期以复利 i 计息，令 $i_n (n \geq 1)$ 表示第 n 个度量期上的实际利率，则 $i_n = \frac{a(n) - a(n-1)}{a(n-1)} = \frac{(1 + i)^n - (1 + i)^{n-1}}{(1 + i)^{n-1}} = i$，对整数 $n \geq 1$。故常数的复利意味着常数的实际利率，且两者相等。因此，虽然复利与实际利率定义不同，但是两者本质是一致的。

（5）假设本金一定，若两个时间区间的长度相等，则单利在两个时间区间上产生的利息相同，复利在两个时间区间上的增长率相同。

证明：假设区间为 $(0, t)$，$(s, s + t)$；则在单利 i 下，假设 0 时刻投资 1 单位本金，第一个区间上的利息量为 $a(t) - a(0) = ti$，第二个区间上的利息量为 $a(t + s) - a(s) = ti$，两者相等。在复利 i 下，第一个区间上的增长率为 $[a(t) - a(0)]/a(0) = (1 + i)^t - 1$，第二个区间上的增长率为 $[a(t + s) - a(s)]/a(s) = (1 + i)^t - 1$，两者相等。

【例1-8】某银行以单利计息，年息为6%，某人存入5000元，问5年后的积累值是多少？

解：$A(5) = 5000 \times a(5) = 5000(1 + 5 \times 6\%) = 5000 \times 1.3 = 6500$（元）。

【例1-8（续）】如果上题中银行以复利计息，其他条件不变，重解上例。

解：$A(5) = 5000 \times a(5) = 5000(1 + 6\%)^5 = 6691.13$（元）。

【例1-9】在单利10%下，哪一个时期内的实际利率等于5%？在复利10%下，第4个度量期上的实际利率为？

解：在单利10%下，$5\% = \dfrac{10\%}{[1 + 10\%(n - 1)]}$，故 $n = 11$。在复利10%下，第4个度量期上的实际利率为10%。

1.2.3.3 单、复利下的贴现函数和现值

0时刻的本金1在第一个度量期期末的积累值为 $1 + i$，$1 + i$ 称为积累因子。反之，为使第一个度量期期末的积累值为1，而在0时刻投资的本金金额是 $(1 + i)^{-1}$，$(1 + i)^{-1}$ 称为贴现因子，记为 v。

一般地，对应于积累函数 $a(t)$，$a^{-1}(t)$ 就是为使在 t 期期末的积累值为1，而在0时刻投资的本金金额，$a^{-1}(t)$ 称为 t 期贴现函数。

在常数的单利 i 下，$a^{-1}(t) = \dfrac{1}{1 + it}$；在常数的复利 i 下，$a^{-1}(t) = \dfrac{1}{(1 + i)^t}$。

为在 t 期期末得到某积累值，而在0时刻投资的本金金额称为该积累值的现值。

【例1-10】已知年实际利率为8%，求4年后支付10000元的现值。

解：由于 $i = 8\%$，故 $a(4) = (1 + 8\%)^4$，从而现值：

$$PV = 10000 \times a^{-1}(4) = \frac{10000}{(1 + 8\%)^4} = 7350.30 （元）$$

即4年后支付10000元的现值为7350.30元。

【例1-11】在单利8%下，6年后的积累值为20000元，则现值为？

解：在单利下现值为 $20000/(1 + 6 \times 8\%) = 13513.51$（元）。

1.3 实际贴现率

1.3.1 定义

一个度量期内的实际贴现率为该度量期内获得的利息金额与期末的投资可回

收金额之比，通常实际贴现率用字母 d 来表示。

1.3.2 实际贴现率表达式的推导

用 d_1 表示第一个度量期上的实际贴现率，假设 0 时刻投资了 1 单位本金，实际利率为 i，则 $a(1) = 1 + i$。根据实际贴现率的定义，可知：

$$d_1 = \frac{i}{1+i} = \frac{a(1) - a(0)}{a(1)} = \frac{A(1) - A(0)}{A(1)} = \frac{I_1}{A(1)}$$

用 d_n 表示第 n 个度量期上的实际贴现率，则：

$$d_n = \frac{A(n) - A(n-1)}{A(n)} = \frac{I_n}{A(n)}, \text{对整数 } n \geq 1 \tag{1.5}$$

I_n 称为"贴现金额"或"利息金额"。

【例 1-12】 某人到银行存入 1000 元，第 1 年末存折上的余额为 1050 元，第 2 年末存折上的余额为 1100 元，问第 1 年、第 2 年的实际贴现率分别为多少？

解： 第 1 年、第 2 年的实际贴现率分别为 4.76% 和 4.55% 。

1.3.3 实际贴现率与实际利率的比较

1.3.3.1 相同处

实际贴现率与实际利率都是利息的一种度量方式，且都是对一个度量期上产生利息量的度量。

1.3.3.2 不同处

（1）实际利率为该度量期上获得的利息比上期初投资的金额；而实际贴现率为该度量期上获得的利息比上期末投资的可回收金额。

（2）实际利率是对期末支付利息的度量，而实际贴现率是对期初支付利息的度量。

举例说明：

若张三到一家银行去，以年实际利率 6% 向银行借款 100 元，为期 1 年，则张三的借款流程如下：0 时刻张三收到 100 元，1 时刻张三支付 106 元（100 + 100×6%）。

若张三到一家银行去，以年实际贴现率 6% 向银行借款 100 元，为期 1 年，则张三的借款流程如下：0 时刻银行预收 6%（即 6 元）的利息，而仅付给张三 94 元；1 年后，张三支付给银行 100 元。

分析：从上面两个例子来看，实际利率是对期末支付利息的度量，而实际贴现率是对期初支付利息的度量。即实际利率说明了资本在期末获得利息的一种能力，而实际贴现率说明了资本在期初获得利息的一种能力。

【例 1-13】 解释以年实际贴现率 8% 借款 1 万元，为期 1 年的流程。

解： 0 时刻借入 1 万元，立马支出 8% 的利息，也即 800 元的利息，实际获得 9200 元；1 时刻还款 1 万元。

1.3.4 实际贴现率与单、复利之间的关系

（1）若每期以单利 i 计息，则第 n 个度量期上的实际贴现率为 $d_n = \dfrac{a(n)-a(n-1)}{a(n)} = \dfrac{i}{1+in}$，可见，$d_n$ 随着 n 的增加而减少。

（2）若每期以复利 i 计息，则第 n 个度量期上的实际贴现率为 $d_n = \dfrac{a(n)-a(n-1)}{a(n)} = \dfrac{i(1+i)^{n-1}}{(1+i)^n} = \dfrac{i}{1+i}$，可见，$d_n$ 是个常数。

【例 1-14】 在 8% 的单、复利下，确定第 4 个度量期上的实际贴现率。

解： 单利下为：$\dfrac{0.08}{1+4\times0.08} = 6.06\%$；复利下为：$\dfrac{0.08}{1+0.08} = 7.41\%$。

【引例】

某人有一张在 1 年以后到期的 100 元的票据，由于现在急需现金到银行去贴现，若银行只支付给他 90 元，即预先扣除了 10 元的贴现值，则银行的实际贴现率为 10%；银行在期初支付了 90 元，在期末可以得到 100 元，故其实际利率为 11.11%。那么怎么比较这两个不同的数值或者怎么比较这两个不同的利息度量方式？

1.3.5 "等价"的概念

1.3.5.1 定义

如果对于给定的投资金额，在同样长的时期内，它们产生同样的积累值，则称两个"率"是"等价"的。

注意：同一笔投资用不同的两个"率"进行度量，得到的两个"率"是等价的。

1.3.5.2 实际利率与实际贴现率之间的等价关系式

一般地，假设某人 0 时刻投资 1 单位本金，以实际利率 i，则其在 1 时刻的积累

值为 $1+i$。若这笔业务的实际贴现率为 d，则根据实际贴现率的定义知 $d=\dfrac{i}{1+i}$，整理得 $i=\dfrac{d}{1-d}$，$i>d$，此两式即为实际利率与实际贴现率之间的等价关系式。

1.3.5.3 由实际利率与实际贴现率之间的等价关系推导出的其他等式

$$d=\frac{i}{1+i}=\frac{1+i}{1+i}-\frac{1}{1+i}=1-v \text{ 或 } v=1-d \tag{1.6}$$

理解：1 时刻支付 1 的现值，既可以表示成 v，也可以表示为 $1-d$。

$$d=\frac{i}{1+i}=\frac{i}{a(1)}=i\times a^{-1}(1)=iv \tag{1.7}$$

同一业务，0 时刻投资 1 单位本金，用两种计息方式计息，一种以实际贴现率 d，另一种以实际利率 i。以 d 计息，期初可获得 d 元的利息；以 i 计息，期末可获得 i 元的利息，两种计息方式等价，故 $d=iv$。

$$d=\frac{i}{1+i}=iv=i(1-d)=i-id，即 i-d=id \tag{1.8}$$

理解：某人可以借款 1，而在期末还款 $1+i$，也可以借款 $1-d$，而在期末还款 1。两种选择的本金差为 d，利息差为 $i-d$，故有等式 $i-d=id$。

【例 1-15】 假设期初借款人从贷款人处借入 10000 元，并约定 1 年到期时还 10500 元，若借款人希望期初时付给贷款人利息，1 年到期时偿还本金 10000 元，问期初借款人实际可得金额是多少？

解： $i=\dfrac{10500-10000}{10000}=5\%$，$d=\dfrac{i}{1+i}=4.762\%$，期初可得 $1000(1-d)=9523.81$（元）。

【例 1-16】 已知某项投资在 1 年中能得到的利息金额为 336 元，而等价的贴现金额为 300 元，求本金值。

解： 假设本金为 p，实际利率为 i，实际贴现率为 d。则：

$pd=300$

$pi=336$

$d=\dfrac{i}{1+i}$

求得 $i=12\%$，$p=2800$。

1.3.6 单贴现与复贴现

1.3.6.1 定义

单贴现：若在 t 时产生积累值 1 的原始本金为：

$$a^{-1}(t) = 1 - dt, 0 \leqslant t < 1/d \tag{1.9}$$

这种情况下的贴现称为单贴现，其中 d 又称为单贴现率。

复贴现：若在 t 时产生积累值 1 的原始本金为：

$$a^{-1}(t) = (1 - d)^t, t \geqslant 0 \tag{1.10}$$

这种情况下的贴现称为复贴现，其中 d 又称为复贴现率。

1.3.6.2　单、复贴现的比较

（1）单、复贴现与实际贴现率的关系。在常数的复贴现率 d 下，$a^{-1}(t) = v^t = (1 - d)^t, t \geqslant 0$；由实际贴现率的定义知：

$$d_n = \frac{a(n) - a(n-1)}{a(n)} = \frac{(1-d)^{-n} - (1-d)^{-(n-1)}}{(1-d)^{-n}} = d$$

常数的复贴现率意味着常数的实际贴现率，且两者相等，故复贴现率与实际贴现率本质是一致的。

在常数的单贴现率 d 下，$a^{-1}(t) = 1 - dt$，由实际贴现率的定义知：

$$d_n = \frac{a(n) - a(n-1)}{a(n)} = \frac{(1-nd)^{-1} - [1-(n-1)d]^{-1}}{(1-nd)^{-1}} = \frac{d}{1-(n-1)d} \tag{1.11}$$

故常数的单贴现率意味着递增的实际贴现率。

（2）单、复贴现率下贴现函数的大小关系。设 $0 < d < 1$，则：

$(1-d)^t < 1 - dt$，如果 $0 < t < 1$；

$(1-d)^t = 1 - dt$，如果 $t = 1$；

$(1-d)^t > 1 - dt$，如果 $t > 1$。

【例 1 – 17】　在单贴现率 5% 下，第 4 个度量期上的实际贴现率为？

解：$d_4 = \dfrac{5\%}{1 - 3 \times 5\%} = 5.88\%$。

【例 1 – 18】　在复贴现率 5% 下，第 4 个度量期上的实际贴现率为？

解：$d_4 = 5\%$。

【引例】

实际利率、实际贴现率都是对一个度量期上产生利息量的度量。但是在实际生活中有时多个度量期才支付利息一次，有时一个度量期支付利息多次。以银行业为例，银行开设的人民币整存整取定期储蓄业务包括 3 个月、6 个月、1 年、2 年、3 年、5 年 6 个档期。假设利率分别为 1.71%、1.89%、1.98%、2.25%、2.52%、2.79%，怎么理解这些利率？

思考：若用实际利率来理解上述利率，则 1 单位本金存 4 个 3 个月定期（也即 1 年）的本利和约为 1.0702，直接存一年定期的本利和为 1.0198，从这个结

论上看，存 4 个 3 个月定期比存 1 年定期的本利和更大，与实际情况相悖，故理解有误，引入名义利率和名义贴现率。

1.4　名义利率和名义贴现率

1.4.1　名义利率和名义贴现率的产生

一般情况下一个度量期是 1 年，若是一个度量期支付利息多次或者多个度量期支付利息一次，度量期和实际计息期不相等，就产生了名义利率或者名义贴现率。

1.4.2　名义利率

1.4.2.1　名义利率的定义

用符号 $i^{(m)}$ 表示每个度量期上计息 m 次的名义利率，其中 m 可以是大于 1 的整数，也可以是 $0 < m < 1$ 的分数。它表示每 $1/m$ 个度量期上支付利息一次，且在每 $1/m$ 个度量期上的实际利率为 $\dfrac{i^{(m)}}{m}$。

引例中 3 个月、6 个月、1 年、2 年、3 年、5 年表示计息期，也即每隔多长时间计息一次，而 1.71%、1.89%、1.98%、2.25%、2.52%、2.79% 是以年为度量期给的利率，当计息期不是 1 年时就产生了名义利率，故 1.71% 为每 3 个月计息一次的年名义利率，也即 $i^{(4)} = 1.71\%$；1.89% 为每 6 个月计息一次的年名义利率，也即 $i^{(2)} = 1.89\%$；1.98% 为年实际利率；2.25% 为每 2 年计息一次的年名义利率，也即 $i^{\left(\frac{1}{2}\right)} = 2.25\%$；2.52% 为每 3 年计息一次的年名义利率，也即 $i^{\left(\frac{1}{3}\right)} = 2.52\%$；2.79% 为每 5 年计息一次的年名义利率，也即 $i^{\left(\frac{1}{5}\right)} = 2.79\%$。

如：$i^{(4)} = 1.71\%$ 表示每 3 个月计息一次，且 3 个月上的实际利率为 $\dfrac{1.71\%}{4}$。

1.4.2.2　名义利率与实际利率之间的关系

根据等价的定义，可得名义利率与实际利率之间的关系为：

$$1 + i = \left(1 + \frac{i^{(m)}}{m}\right)^m, i = \left(1 + \frac{i^{(m)}}{m}\right)^m - 1, i^{(m)} = m\left[(1+i)^{\frac{1}{m}} - 1\right] \qquad (1.12)$$

【例 1 − 19】若 $i^{(m)}$ 与 i 等价，证明他们之间的大小关系为 $i > i^{(m)}$。

证明：根据实际利率与名义利率之间的等价关系：

$$1 + i = \left(1 + \frac{i^{(m)}}{m}\right)^m$$

知：

$$1 + i = C_m^0 \times 1^m \times \left(\frac{i^{(m)}}{m} \right)^0 + C_m^1 \times 1^{m-1} \times \left(\frac{i^{(m)}}{m} \right)^1 + \cdots$$

$$= 1 + i^{(m)} + \cdots$$

显然：$i > i^{(m)}$。

1.4.3 名义贴现率

1.4.3.1 名义贴现率的定义

用符号 $d^{(m)}$ 表示每个度量期上计息 m 次的名义贴现率，其中 m 可以是大于 1 的整数，也可以是 $0 < m < 1$ 的分数，它表示每 $1/m$ 个度量期上支付利息一次，且在每 $1/m$ 个度量期上的实际贴现率为 $\frac{d^{(m)}}{m}$。

【例 1 – 20】思考 $d^{(4)} = 8\%$，$d^{(\frac{1}{2})} = 1\%$ 的含义。

解：$d^{(4)} = 8\%$ 表示每 3 个月计息一次，且每 3 个月上的实际贴现率为 2%；$d^{(\frac{1}{2})} = 1\%$ 表示每 2 年计息一次，且每 2 年上的实际贴现率为 2%。

【例 1 – 21】思考名义利率 $i^{(m)}$ 和名义贴现率 $d^{(m)}$ 之间的关系。

解：名义利率 $i^{(m)}$ 和名义贴现率 $d^{(m)}$ 都是对每 $1/m$ 个度量期上产生利息量的度量，但是名义贴现率 $d^{(m)}$ 是对每 $1/m$ 个度量期期初产生利息量的度量，名义利率 $i^{(m)}$ 是对每 $1/m$ 个度量期期末产生利息量的度量。

1.4.3.2 名义贴现率与实际贴现率之间的关系

根据等价的定义，可得名义贴现率与实际贴现率的关系：

$$1 - d = \left[1 - \frac{d^{(m)}}{m} \right]^{(m)}, d = 1 - \left[1 - \frac{d^{(m)}}{m} \right]^{(m)}, d^{(m)} = m \left[1 - (1-d)^{\frac{1}{m}} \right] = m(1 - v^{\frac{1}{m}})$$

$$(1.13)$$

1.4.3.3 名义利率与名义贴现率之间的关系

因为：

$$\left(1 + \frac{i^{(m)}}{m} \right)^m = 1 + i, 1 - d = \left[1 - \frac{d^{(p)}}{p} \right]^p, v = 1 - d$$

所以：

$$\left(1 + \frac{i^{(m)}}{m} \right)^m = 1 + i = (1 - d)^{-1} = \left[1 - \frac{d^{(p)}}{p} \right]^{-p}, \text{对于任意的} m \, \text{、} p \quad (1.14)$$

若 $m = p$，有：

$$\left(1 + \frac{i^{(m)}}{m}\right)^m = \left(1 - \frac{d^{(m)}}{m}\right)^{-m}$$

进一步得到：

$$1 + \frac{i^{(m)}}{m} = \left(1 - \frac{d^{(m)}}{m}\right)^{-1}$$

$$\left(1 + \frac{i^{(m)}}{m}\right)\left(1 - \frac{d^{(m)}}{m}\right) = 1$$

$$\frac{i^{(m)}}{m} - \frac{d^{(m)}}{m} = \frac{i^{(m)}}{m} \times \frac{d^{(m)}}{m} \tag{1.15}$$

借款人可以借款 1，在 $1/m$ 时刻还款 $1 + \frac{i^{(m)}}{m}$；也可以借款 $1 - \frac{d^{(m)}}{m}$，在 $1/m$ 时刻还款 1。两种借款本金的差为 $\frac{d^{(m)}}{m}$，利息的差为 $\frac{i^{(m)}}{m} - \frac{d^{(m)}}{m}$，故有 $\frac{i^{(m)}}{m} - \frac{d^{(m)}}{m} = \frac{i^{(m)}}{m} \times \frac{d^{(m)}}{m}$。

【例 1－22】 求与实际利率 8% 等价的每年计息 2 次的年名义利率以及每年计息 4 次的年名义贴现率。

解：已知 $i = 8\%$，求 $i^{(2)}$ 和 $d^{(4)}$。由 $\left(1 + \frac{i^{(2)}}{2}\right)^2 = 1 + 8\%$，得 $i^{(2)} = 7.85\%$。由 $\left(1 - \frac{d^{(4)}}{4}\right)^{-4} = 1 + 8\%$，得 $d^{(4)} = 7.62\%$。

【例 1－23】 已知每年计息 12 次的年名义贴现率为 8%，求等价的实际利率。

解：已知 $d^{(12)} = 8\%$，由 $1 + i = \left[1 - \frac{d^{(12)}}{12}\right]^{-12}$，得 $i = 8.36\%$。

【例 1－24】 求 10000 元按每年计息 4 次的年名义利率 6% 投资 3 年的积累值。

解：方法一：

$$\begin{aligned}
A(3) &= 10000a(3) \\
&= 10000(1 + i)^3 \\
&= 10000\left(1 + \frac{i^{(4)}}{4}\right)^{4 \times 3} \\
&= 11956.18(\text{元})
\end{aligned}$$

方法二：已知 $i^{(4)} = 6\%$，等价已知 3 个月的实际利率为 1.5%。0 时刻的 10000 元以 1.5% 的利率积累了 12 次到达第 3 年末，故积累值为：

$$10000(1 + 1.5\%)^{12} = 11956.18 \text{（元）}$$

【例 1－25】 以每年计息 2 次的年名义贴现利率 10%，在 6 年后支付 50000 元，求其现值。

解：方法一：

$$pv = 50000a^{-1}(6)$$

$$pv = 50000(1 - d)^6$$
$$= 50000\left(1 - \frac{d^{(2)}}{2}\right)^{2\times6}$$
$$= 27018(元)$$

方法二：已知 $d^{(2)} = 10\%$，等价已知 6 个月的实际贴现率为 5%。6 时刻的 50000 元以 5% 的实际贴现率贴现了 10 次到达 0 时刻，故现值为：

$$50000(1 - 5\%)^{10} = 27018 （元）$$

【例1-26】 一张尚需 6 个月到期的票据，其面值为 2000 元，如果按 6% 的名义贴现率贴现，每个季度预收一次贴现值，试计算该票据的现值是多少？

解： 已知 $d^{(4)} = 6\%$，相当于知道每季度的实际贴现率为 1.5%，2000 元以 1.5% 的实际贴现率贴现了两期到达 0 时刻，故现值为 $2000 \times (1 - 1.5\%)^2 = 1940.45$ （元）。

【例1-27】 确定 10000 元的投资在第 3 年末的积累值，已知每 4 年计息一次的年名义贴现率为 6%。

解：

$$A(3) = 10000a(3)$$
$$= 10000(1 + i)^3$$
$$= 10000\left(1 - \frac{6\%}{\frac{1}{4}}\right)^{-\frac{1}{4}\times3}$$
$$= 12285.41 （元）$$

1.5 利 息 力

实际利率、实际贴现率是对一个度量期上产生利息量的度量，名义利率、名义贴现率是对多个度量期或者 $\frac{1}{m}(m > 1)$ 个度量期上产生利息量的度量，而利息是连续不断地产生的，那么考虑理想的情况，怎么度量利息在每个小时刻点上的变化，引入利息力。

1.5.1 利息力的定义

对利息在各个时间点上的度量叫作利息力。考虑投资一笔资金，资金在 t 时刻的金额由总量函数 $A(t)$ 给出。定义：

$$\delta_t = \frac{A'(t)}{A(t)} = \frac{a'(t)}{a(t)} \tag{1.16}$$

其中, δ_t 为该投资在 t 时的利息力, 即 δ_t 为利息在时刻 t 的一种度量, 由 δ_t 的定义可知, δ_t 为 t 时每一单位资金的变化率。

1.5.2　利息力的各种变形

$$\delta_t = \frac{A'(t)}{A(t)} = \frac{a'(t)}{a(t)} = \frac{d}{dt}\ln A(t) = \frac{d}{dt}\ln a(t)$$

由 $\delta_t = \frac{d}{dt}\ln A(t)$, 得:

$$\delta_r = \frac{d}{dr}\ln A(r)$$

从而:

$$\begin{aligned} \int_0^t \delta_r \mathrm{d}r &= \int_0^t \frac{d}{dr}\ln A(r) \mathrm{d}r \\ &= \ln A(r) \Big|_0^t \\ &= \ln \frac{A(t)}{A(0)} \end{aligned}$$

$$e^{\int_0^t \delta_r \mathrm{d}r} = \frac{A(t)}{A(0)} = \frac{a(t)}{a(0)} = a(t) \tag{1.17}$$

又由定义得:

$$A(t)\delta_t = A'(t)$$

$$\begin{aligned} \int_0^n A(t)\delta_t \mathrm{d}t &= \int_0^n A'(t) \mathrm{d}t \\ &= A(t) \Big|_0^n = A(n) - A(0) \end{aligned}$$

即 $A(n) - A(0)$ 为在 n 个度量期内获得的总利息金额, 而微分表达式 $A(t)\delta_t$ 可看成当利息力为 δ_t 的情况下, 资金 $A(t)$ 在 t 时刻获得的利息, 将此表达式在 0 到 n 上积分, 就给出了 n 个度量期内获得的利息总额。

【例 1-28】 如果 $\delta_t = 0.01t$, $0 \leqslant t \leqslant 2$, 确定 0 时刻投资 2000 元在第 1 年末的积累值。

解:

$$\begin{aligned} A(1) &= 2000a(1) = 2000e^{\int_0^1 \delta_t \mathrm{d}t} = 2000e^{\int_0^1 0.01t \mathrm{d}t} = 2000e^{\frac{0.01}{2}t^2 \big|_0^1} = 2000e^{\frac{0.01}{2}} \\ &= 2010(\text{元}) \end{aligned}$$

1.5.3　利息力与实际利率之间的关系

假设利息力在某时间区间 $[0, n]$ 上为常数, 也即假设在投资期 0 到 n 上,

$\delta_t = \delta$，$0 \leqslant t \leqslant n$，则：

$$a(t) = e^{\int_0^t \delta_r dr} = e^{\int_0^t \delta dr} = e^{t\delta}$$

$$i_n = \frac{a(n) - a(n-1)}{a(n-1)} = \frac{e^{n\delta} - e^{(n-1)\delta}}{e^{(n-1)\delta}} = e^{\delta} - 1 = i \tag{1.18}$$

因此，如果利息力在某时间区间上为常数，那么，在该时间区间上的实际利率也为常数。

在利息力为常数的情况下，由 $e^{\delta} - 1 = i$ 得：

$$e^{\delta} = 1 + i$$

$$\delta = \ln(1 + i)$$

由 $v = \dfrac{1}{1 + i}$，得：

$$\delta = -\ln v = -\ln(1 - d) \tag{1.19}$$

由 $1 + i = e^{\delta}$，得：

$$\left[1 + \frac{i^{(m)}}{m}\right]^m = 1 + i = v^{-1} = (1 - d)^{-1} = \left[1 - \frac{d^{(p)}}{p}\right]^{-p} = e^{\delta} \tag{1.20}$$

另外，若各个利率之间等价，则 $d < d^{(p)} < \delta < i^{(m)} < i$。

反之，若实际利率在某时间区间上为常数，则该时间区间上的利息力不一定为常数。

1.5.4　由导数的定义看利息力

由导数的定义可知：

$$\delta_t = \frac{\frac{d}{dt}a(t)}{a(t)} = \lim_{h \to 0} \frac{\frac{a(t+h) - a(t)}{h}}{a(t)}$$

$$= \lim_{h \to 0} \frac{\frac{a(t+h) - a(t)}{a(t)}}{h}$$

$$= \lim_{h \to 0} i^{(\frac{1}{h})}$$

$$= \lim_{m \to \infty} i^{(m)} \tag{1.21}$$

因此，利息力可以理解为连续计息的名义利率。

注：利息力也可以理解为连续计息的名义贴现率。

证明：由于 $\dfrac{i^{(m)}}{m} - \dfrac{d^{(m)}}{m} = \dfrac{i^{(m)}}{m} \times \dfrac{d^{(m)}}{m}$，所以：

$$\delta = \lim_{m \to \infty} i^{(m)} = \lim_{m \to \infty}\left[d^{(m)} + \frac{i^{(m)} \times d^{(m)}}{m}\right] = \lim_{m \to \infty} d^{(m)} \tag{1.22}$$

1.5.5　贴现力

利息力也可以通过贴现函数来定义，定义如下：

$$\delta_t = -\frac{\frac{d}{dt}a^{-1}(t)}{a^{-1}(t)} \tag{1.23}$$

可以证明，利息力的这两种定义是等价的。

$$\delta_t = -\frac{\frac{d}{dt}\frac{1}{a(t)}}{\frac{1}{a(t)}} = -\frac{\frac{-a'(t)}{a^2(t)}}{\frac{1}{a(t)}} = \frac{a'(t)}{a(t)}$$

1.5.6　单、复利和单、复贴现下的利息力

单利：

$$\delta_t = \frac{\frac{d}{dt}a(t)}{a(t)} = \frac{\frac{d}{dt}(1+it)}{(1+it)} = \frac{i}{(1+it)}, t \geq 0 \tag{1.24}$$

单贴现：

$$\delta_t = -\frac{\frac{d}{dt}a^{-1}(t)}{a^{-1}(t)} = -\frac{\frac{d}{dt}(1-dt)}{(1-dt)} = \frac{d}{(1-dt)}, 0 \leq t < \frac{1}{d} \tag{1.25}$$

从以上公式可以看出，对单利来说，δ_t 为 t 的递减函数；而对单贴现来说，δ_t 为 t 的递增函数。

复利：

$$\delta_t = \frac{\frac{d}{dt}a(t)}{a(t)} = \frac{\frac{d}{dt}(1+i)^t}{(1+i)^t} = \frac{\ln(1+i)(1+i)^t}{(1+i)^t} = \ln(1+i) \tag{1.26}$$

复贴现：

$$\delta_t = -\frac{\frac{d}{dt}(1-d)^t}{(1-d)^t} = -\frac{(1-d)^t\ln(1-d)}{(1-d)^t} = -\ln(1-d) \tag{1.27}$$

从以上公式可以看出，对复利、复贴现来说，δ_t 为 t 的常函数。

【例 1 – 29】一笔业务按利息力 6% 计息，求投资 500 元、经 8 年的积累值。

解：$A(8) = 500a(8) = 500e^{8\delta} = 500e^{0.48} = 808.04$（元）。

【例 1 – 30】资金 A 以 10% 的单利率积累，资金 B 以 5% 的单贴现率积累，找出一时刻，使得两笔资金的利息力相等。

解：资金 A 的利息力为 $\dfrac{i}{1+it} = \dfrac{10\%}{1+10\%\,t}$，资金 B 的利息力为 $\dfrac{d}{1-dt} = $ $\dfrac{5\%}{1-5\%\,t}$，令两者相等，得 $t = 5$。

【例 1 – 31】一个积累函数为二次多项式的基金投资 1 年，上半年得到每年计息 2 次的年名义利率为 5% 的收益率，整年的实际利率为 7%，求在半年时刻的利息力。

解：$a(t) = at^2 + bt + c$，由 $a(0) = 1$，得 $c = 1$；由整年的实际利率为 7%，知 $1+7\% = a+b+c$；由上半年得到每年计息 2 次的年名义利率为 5% 的收益率，知 $1+\dfrac{5\%}{2} = \dfrac{a}{4} + \dfrac{b}{2} + c$。联立三个方程，得 $a = 4\%$，$b = 3\%$，故 $a(t) = 0.04t^2 + 0.03t + 1$。则 $\delta_t = \dfrac{a'(t)}{a(t)} = \dfrac{0.08t+0.03}{0.04t^2+0.03t+1}$，$\delta_{0.5} = 14/205 = 6.83\%$。

【例 1 – 32】某人在 2020 年 1 月 22 日贷款 10000 元，若利息力为 10%，求以下问题：

（1）贷款额在 2025 年 1 月 22 日的价值；

（2）年实际利率；

（3）每年计息 12 次的名义利率。

解：

（1）$A(5) = 10000a(5) = 10000e^{5\times10\%} = 16487.21$

（2）由：$1+i = e^{\delta} = e^{10\%}$，得 $i = 10.52\%$。

（3）由：$e^{\delta} = \left(1+\dfrac{i^{(12)}}{12}\right)^{12}$，得 $i^{(12)} = 10.04\%$。

1.6 利息问题求解

1.6.1 价值等式

1.6.1.1 利息理论基本原则

在考虑利息问题时，货币将具有时间性，这一点被特别地表示为"货币的时间价值"。"货币的时间价值"决定了不同时刻的货币量是无法直接比较其大小的，必须将这些量调整（累积计算或贴现计算）到一个共同日期来比较大小。

这个共同日期被称为比较日期，调整到比较日期的计算方程被称为价值方程或价值等式。

1.6.1.2 价值等式的概念

一般地，在投资期内会出现方向相反的现金流，如多次储蓄、多次支取。选择比较日期，然后分别计算同一方向上的现金流的总价值，令两个方向上现金流的总价值相等以建立方程，所得的方程就是价值方程。

1.6.1.3 利息基本问题

利息基本问题主要包括以下四个基本量：原始投入资本，即本金；投资期的长度；投资期内的利率；投资结束时的终值。已知其中的任何三个量都可以列价值方程求第四个量的值。

1.6.1.4 比较日期的选取

原则上，整个投资期上的任意时刻都可以作为比较日期，其中期初和期末是两个特殊的比较日期，现值和终值的计算方程就是将比较日期选在期初和期末的两个特殊的价值方程。

注意：采用复利、复贴现计算时，最终的计算结果与比较日期的选取无关；采用单利或单贴现计算时，比较日期的选取将直接影响最终的计算结果。

1.6.1.5 时间图（时间流程图）

具体做法：

第一，用一条自左向右沿一维正方向延伸的直线表示时间（从左到右），上面的刻度为事先给定的时间单位（如年、季、月等）；

第二，将一项投资业务的所有现金流，根据其流向写在对应时间的上方或下方；

第三，画一个小箭头表示比较日期。

注：时间图有助于直观地了解问题，尤其是对于资金流动频繁的复杂情况的分析及确定相应的价值方程有帮助。

【例 1 – 33】某人为了能在第 7 年末得到一笔 10000 元的款项，愿意在第 1 年末付出 1000 元，在第 3 年末付出 4000 元，并在第 8 年末付出一笔钱 X，如果年实际利率为 6%，则他在第 8 年末应付出多少钱？

解： 由题意可建立时间图如图 1.1 所示。

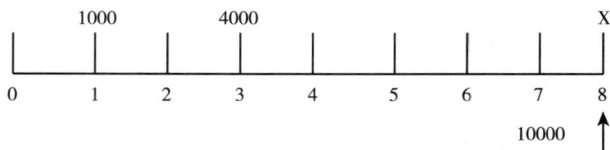

图 1.1　时间图

选取时间点 8 作为比较日，则有如下价值等式：

$$1000(1+i)^7 + 4000(1+i)^5 + X = 10000(1+i)$$

$$X = 10000(1+0.06) - 1000(1+0.06)^7 - 4000(1+0.06)^5$$

$$= 3743.5 \text{（元）}$$

这里，我们也可以选择其他时间点作为比较日期，例如，可以选时间点 1 为比较日，则有如下价值等式：

$$1000 + 4000v^2 + Xv^7 = 10000v^6$$

$$1000 + 4000(1+0.06)^{-2} + X(1+0.06)^{-7} = 10000(1+0.06)^{-6}$$

$$X = \frac{10000(1+0.06)^{-6} - 1000 - 4000(1+0.06)^{-2}}{(1+0.06)^{-7}}$$

$$= 3743.5 \text{（元）}$$

1.6.2 投资期的确定

问题：很多金融业务的投资期不为整数个度量期，如何处理投资期的问题？

处理方法：计算天数并将天数转换为年数，年数 = $\dfrac{\text{投资期天数}}{\text{基础天数}}$。

注：一般在投资期不足一个度量期的情况下，通常使用单利来计息，此时利息 = 金额 × 利率 × 年数。

目前计算投资期最常用以下三种方法。

1.6.2.1 严格单利方法

严格按照日历计算投资期的天数，并将具体年份的日历天数作为一年的天数，即基础天数。即严格按照实际的投资天数来计算投资期的天数，一年为 365 天或 366 天，记为："实际天数/实际天数"。

1.6.2.2 常规单利法

假设每月 30 天，一年 360 天，记为：30/360。两个给定日期之间天数的计算公式为：

天数 $= 360(Y_2 - Y_1) + 30(M_2 - M_1) + (D_2 - D_1)$

其中：Y_i 表示第 i 个日期所在的年；

M_i 表示第 i 个日期所在的月；

D_i 表示第 i 个日期所在的日。$i = 1, 2$

如：存入日：2006 年 6 月 20 日；支取日：2007 年 3 月 11 日。则存期天数为：

$$存期天数 = 360(2007 - 2006) + 30(3 - 6) + (11 - 20)$$
$$= 360 - 90 - 9$$
$$= 261 （天）$$

1.6.2.3 混合方法

按实际的投资天数计算，但一年设为 360 天，记为："实际/360"。混合方法是应用最广泛的一种方法，该方法也被称为银行家规则。

【例 1 - 34】若在 2023 年 3 月 13 日存入 1000 万元，到同年的 11 月 27 日取出，利率为单利 8%，试确定利息金额：（1）按实际/实际方法；（2）按银行家规则方法；（3）按 30/360 方法。

解：（1）2023 年 3 月 13 日到 2023 年 11 月 27 日的精确天数为 259 天，则按实际/实际方法得：

年数 $= 259/365 = 0.7096$

$I = 1000 \times 8\% \times 0.7096 = 56.768$ （万元）

（2）若按银行家规则，则天数 $= 259$ 天，年数和利息金额如下：

年数 $= \dfrac{259}{360} = 0.7194$

$I = 1000 \times 8\% \times 0.7194 = 57.552$ （万元）

（3）若按 30/360 方法，则天数 $= 254$ 天，年数和利息金额如下：

年数 $= \dfrac{254}{360} = 0.7056$

$I = 1000 \times 8\% \times 0.7056 = 56.448$ （万元）

可见，银行家规则下利息金额最大，30/360 规则下利息金额最小。

Excel 实现：

DATEDIF 函数可以返回两个给定日期之间的年月日间隔数，其用法是通过使用格式 $=$ DATEDIF（date1，date2，"Y"）、$=$ DATEDIF（date1，date2，"M"）、$=$ DATEDIF（date1，date2，"D"）来计算返回两个日期参数的差值。Y 表示时间段中的整年数，M 表示时间段中的整月数，D 表示时间段中的天数。〖例 1 - 34〗中在 EXCELA1 中输入 "2023 - 3 - 13"，在 A2 中输入 "2023 - 11 - 27"，使用格式 $=$ DATEDIF（A1，A2，"D"），可得 259 天。

DAYS360 函数按照一年 360 天的算法（即每个月 30 天，一年共计 12 个月）返回两个日期间相差的天数，〖例 1 - 34〗中在 EXCELA1 中输入 "2023 - 3 - 13"，在 A2 中输入 "2023 - 11 - 27"，使用格式 $=$ DAYS360（A1，A2），可得 254 天。

1.6.3 未知时间问题

已知利率，多笔业务的每笔业务量以及除去一笔业务外其他业务的发生时间，求未知时间。

1.6.3.1 只有一次付款的未知时间问题

【例 1 – 35】以每月计息的年名义利率 12% 投资 10000 元，若欲积累到 30000 元，问需要几年时间？

解：设需要 n 年，则可以得到方程：

$$10000\left[1 + \frac{i^{(12)}}{12}\right]^{n \times 12} = 30000$$

解得：$n = 9.2$。

1.6.3.2 某个时刻的一次性支付与不同时刻的多次支付等价的问题

假设有以下两种投资方式。方式一：分别于时刻 t_1, t_2, $\cdots$, t_n 投入 S_1, S_2, $\cdots$, S_n 元；方式二：在时刻 t 一次性投入 $S_1 + S_2 + \cdots + S_n$ 元。若两种投资方式的投资价值相等，计算时刻 t。

选择 0 时刻为比较日期，由两种投资方式的投资价值相等，可得方程：
$$(S_1 + S_2 + \cdots + S_n)v^t = S_1 v^{t_1} + S_2 v^{t_2} + \cdots + S_n v^{t_n}$$

解方程得精确解为：

$$v^t = \frac{S_1 v^{t_1} + S_2 v^{t_2} + \cdots + S_n v^{t_n}}{S_1 + S_2 + \cdots + S_n}$$

$$t = \frac{\ln\left(\dfrac{S_1 v^{t_1} + S_2 v^{t_2} + \cdots + S_n v^{t_n}}{S_1 + S_2 + \cdots + S_n}\right)}{\ln v} \tag{1.28}$$

通常用所谓的"等时间法"对上式进行近似计算，即：

$$t' = \frac{S_1 t_1 + S_2 t_2 + \cdots + S_n t_n}{S_1 + S_2 + \cdots + S_n} = \frac{S_1}{S}t_1 + \frac{S_2}{S}t_2 + \cdots + \frac{S_n}{S}t_n \tag{1.29}$$

其中，$S = S_1 + S_2 + \cdots + S_n$。

注：相当于用各个时刻的投资额占总投资额的比例作为权数对各个时刻进行加权平均作为 t 的近似值 t'。

【例 1 – 36】预定在第 1、第 3、第 5、第 8 年末分别存款 200 元、400 元、300 元、600 元，假设实际利率为 5%，试确定一个付款 1500 元的时刻，使这次付款与上面 4 次等价，（1）用等时间法；（2）用精确法。

解：（1）$t' = \dfrac{200 \times 1 + 400 \times 3 + 300 \times 5 + 600 \times 8}{1500} = \dfrac{77}{15} = 5.13$

（2）列价值方程为：

$1500v^t = 200v + 400v^3 + 300v^5 + 600v^8$

解得：

$v^t = \dfrac{200v + 400v^3 + 300v^5 + 600v^8}{1500} = \dfrac{1177.17}{1500}$

$v = (1+i)^{-1} = (1+0.05)^{-1}$

$t = 4.97$

1.6.4　未知利率问题

已知三个量：本金、投资期长度和积累值，可以通过建立价值方程求解未知利率。

1.6.4.1　只有单次付款的未知利率问题

【例 1-37】 0 时刻投资 1000 元在第 6 年末的本利和为 1600 元，求每年计息四次的年名义利率。

解：选择第 6 年末作为比较日期，可得价值方程为：

$1000\left(1 + \dfrac{i^{(4)}}{4}\right)^{6\times4} = 1600$

解得：$i^{(4)} = 0.0791$ 或 7.91%。

注：只有单次付款的未知利率问题，可以列价值方程，直接对价值方程进行指数或对数运算。

1.6.4.2　用代数方法求解

【例 1-38】 已知 2 年后的 4 万元和 4 年后的 6 万元的现值之和为 8 万元，计算年实际利率？

解：选择 0 时刻为比较日期，则价值方程为：

$80000 = 40000v^2 + 60000v^4$

可化简为 v^2 的一元二次方程为：

$3v^4 + 2v^2 - 4 = 0$

解得 $v^2 = 0.868517$，所以 $i = 7.3\%$。

注：这种方法的使用范围很小，只对列的方程恰好形成一个一元二次方程的题目有效。

1.6.4.3　求数值解

（1）线性插值法。线性插值法是先确定两个近似的利率值，其中一个大于真实值，另一个小于真实值，然后在这两个值之间作线性插值而得到真实值的一个更为精确的近似值。

【例 1 - 39】某人 0 时刻投资 1000 元，第 1 年末投资 600 元，第 2 年末再投资 300 元，这样在第 4 年末将积累到 2600 元，求实际利率是多少？

解：根据题意可得价值方程为：

$$1000(1+i)^4 + 600(1+i)^3 + 300(1+i)^2 = 2600$$

令：$f(i) = 1000(1+i)^4 + 600(1+i)^3 + 300(1+i)^2 - 2600$

由试凑法可得：$f(0.1) = 12.85$　$f(0.09) = -27.49$。显然 i 的真实值介于 0.09 和 0.1 之间。由线性插值法可得：

$$i_1 = 0.09 + (0.1 - 0.09)\frac{0 + 27.49}{12.85 + 27.49} = 0.0968 = 9.68\%$$

（2）迭代法。迭代法实际上相当于多次线性插值，其结果是能够达到所需要的精度。

【例 1 - 40】用迭代法重做〖例 1 - 39〗，使精度达到小数点后六位。

解：由〖例 1 - 39〗，有：

$$1000(1+i)^4 + 600(1+i)^3 + 300(1+i)^2 = 2600$$

且 i 的第一次近似值 $i_1 = 0.0968$，$f(0.0968) = -0.1604$。

由于 $f(x)$ 单调递增，因此，再考察：

$$f(0.0969) = 0.2447$$

显然，i 的真实值介于 0.0968 与 0.0969 之间，再用一次线性插值：

$$i_2 = 0.0968 + (0.0969 - 0.0968)\frac{0 + 0.1604}{0.2447 + 0.1604} = 0.09684$$

继续以上操作：

$$f(0.09684) = 0.0016$$

$$f(0.09683) = -0.0389$$

因为 $f(i_2) > 0$，$f(0.09683) < 0$，所以 i 的真实值介于 0.09683 与 0.09684 之间，且 $|i - i_2| < 0.00001$。

再作一次线性插值：

$$i = 0.09683 + (0.09684 - 0.09683)\frac{0 + 0.0389}{0.0016 + 0.0389} = 0.0968396$$

此时 i 的精确度已达小数点后 7 位。若要达到更高的精确度，只需多次重复以上程序即可。

Excel 实现：

IRR 函数是 Excel 软件中的一个财务函数，用于计算一个投资业务的内部收益率，以〖例 1 - 39〗为例，其使用方式为：在 A1 ~ A5 分别输入 - 1000， - 600， - 300，0，2600，在 B1 中输入 = IRR(A1：A5)，得到结果 0.0968396。

习 题

1. 设 t 时刻的积累函数为 $a(t) = at^2 + b$，已知 $a(5) = 51$，则 4 时刻投资的 100 万元在 8 时刻的积累值为？

2. 某项投资在第 2 年末的价值为 95 万元，在第 3 年末的价值为 100 万元，则该项投资在第 3 年内的实际利率为？

3. 一项投资以复贴现率 5% 计息，则为了在第 4 年末得到 1000 元的积累值，0 时刻应该投资多少元？

4. 原计划 0 时刻借款人从贷款人处借入 1000 元，并约定一年到期时还 1080 元。现改变还款计划，借款人希望在期初时付给贷款人利息，1 年到期时偿还本金 1000 元，则期初借款人实际可得到的金额是？

5. 已知某项投资在一年中能得到的利息金额为 260 元，而等价的贴现金额为 200 元，则本金值为？

6. 已知每年计息 2 次的年名义利率为 6%，计算：

（1）与之等价的年实际利率；

（2）0 时刻 1 万元的投资在第 3 年末的积累值。

7. 假设某人在 2003 年 7 月 1 日投资 1000 元于某基金，该基金在 t 时的利息力为 $\delta_t = 2t/25$，其中 t 为距 2003 年 1 月 1 日的年数，求这笔投资在 2004 年 1 月 1 日的积累值。

8. 如果 $\delta_t = 0.04t$，则 0 时刻投资的 1000 元在第 2 年末的积累值为？

9. 一项投资的积累函数为 $a(t) = at^2 + b$，如果在 0 时刻投资 100 元，能在 5 时刻积累到 300 元，计算此项投资在 1 时刻的利息力 δ_1。

10. 现有如下的投资经历，原始投资为 10 万元，基金在前两年全部投资于 3 个月期的短期国债，假定以贴现方式报价，从第 3 年开始进行组合投资，利息力为 $1/(1 + t)$。如果希望 5 年后的收益较原始投资多出 1.6 倍，分析 3 个月期短期国债的买价。

11. 投资者在第 1 年末投入 1，第 2 年末投入 2，…，第 m 年末投入 m；若在某一时刻，单独的一次性投入 $(1+2+\cdots+m)$ 与上面的投资方式等价，则由等时间方法知 $\bar{t}$ 为？

12. 某项投资在 0 时刻投入 1000 元，第 1 年末投入 1000 元；而在第 2 年末回报 2400 元，则该项投资的内部收益率为？

第 2 章　年　　金

本章主要介绍各种年金的概念、各种年金现值和积累值的计算方法、各种年金现值和积累值之间的关系。

2.1　年金的定义及分类

2.1.1　年金的定义

年金是指以相等的时间间隔进行的一系列收付款行为，也指以固定的时间周期以相对固定的方式所发生的现金流，如投保、领保、房贷等。注意，年金最初始的含义是指一年付款一次，每次的付款额相等，这样的一系列款项。但现在年金被广泛应用于其他更加一般的情形，如每季度支付一次，每月支付一次，或每周支付一次的一系列款项都被看作年金。此外，每次付款的金额也未必相等，它完全可以按照某种规律递增或递减。同时，利率也可以发生许多变化。

2.1.2　年金的分类

将满足条件：付款的时间间隔相等、每次的付款额相等、整个付款期内的利率不变且计息频率与付款频率相等（计息期与付款期相等）的年金称为标准型年金。标准型年金的各种变化，如每次的付款额不相等、计息频率与付款频率不相等，称为一般型年金。

另外，按照年金的支付时间和支付金额是否确定，可以分为确定年金和风险年金；按照年金的支付期限长短，可以分为定期年金和永续年金；按照年金在每期的支付时点不同，可以分为期初付年金和期末付年金；按照年金开始支付的时间不同，可以分为即期年金和延期年金；按照每次付款的金额是否相等，可以分为等额年金和变额年金。

2.2　标准型年金

2.2.1　期末付年金

2.2.1.1　期末付年金的定义

在每个付款期的期末付款的年金称为期末付年金，也即假设年金现金流首次发生在第一个付款期的期末，随后以此分期进行。

特殊的标准期末付年金——每次付款额为 1 的 n 期标准期末付年金。

假设一个年金，付款期限为 n 期，每期期末付款额为 1，付款期等于计息期，每期利率为 i，此年金称为每次付款额为 1 的 n 期标准期末付年金。

2.2.1.2　期末付年金的现值

每次付款额为 1 的 n 期标准期末付年金的现值用符号 $a_{\overline{n}|}$ 表示，其等于所有的 n 次付款在 0 时刻的现值之和，则：

$$
\begin{aligned}
a_{\overline{n}|} &= v + v^2 + v^3 + \cdots + v^n \\
&= \frac{v - v^{n+1}}{1 - v} \\
&= \frac{1 - v^n}{1 + i - 1} \\
&= \frac{1 - v^n}{i}
\end{aligned}
\tag{2.1}
$$

其中，v 表示 1 时刻的 1 在 0 时刻的现值，v^2 表示 2 时刻的 1 在 0 时刻的现值，以此类推，v^n 表示 n 时刻的 1 在 0 时刻的现值。

【例 2 - 1】证明 $ia_{\overline{n}|} + v^n = 1$，并解释其含义。

证明：由 $a_{\overline{n}|} = \dfrac{1 - v^n}{i}$，可以整理得 $ia_{\overline{n}|} + v^n = 1$。

其含义为：等式右边表示 0 时刻投资 1 单位本金，等式左边表示投资的回报方式，也即 0 时刻以实际利率 i 投资 1 单位本金，每年末回收当期产生的利息 i，n 时刻投资结束回收 1 单位本金。每年末回收的利息 i 形成一个 n 期标准期末付年金，其在 0 时刻的现值为 $ia_{\overline{n}|}$；n 时刻的 1 单位本金在 0 时刻的现值为 v^n；0 时

刻的投资额等于所有回报额的现值之和，所以 $ia_{\overline{n}|} + v^n = 1$。

2.2.1.3　期末付年金的积累值

每次付款额为 1 的 n 期标准期末付年金的积累值用符号 $s_{\overline{n}|}$ 表示，其等于每期末的付款额 1 按利率 i 积累到 n 时刻求和。

$$
\begin{aligned}
s_{\overline{n}|} &= (1+i)^{n-1} + (1+i)^{n-2} + \cdots + 1 \\
&= \frac{1-(1+i)^n}{1-(1+i)} \\
&= \frac{(1+i)^n - 1}{i}
\end{aligned}
\tag{2.2}
$$

【例 2-2】证明 $is_{\overline{n}|} + 1 = (1+i)^n$，并解释其含义。

证明： 由 $s_{\overline{n}|} = \dfrac{(1+i)^n - 1}{i}$，可以整理得 $is_{\overline{n}|} + 1 = (1+i)^n$。

其含义为：等式的左右两边都表示的是 0 时刻投资的 1 单位本金在 n 时刻的积累值。0 时刻以实际利率 i 投资 1 单位本金，回报方式为每年末回收当期产生的利息 i，n 时刻投资结束回收 1 单位本金。等式右边表示 0 时刻投资的 1 单位本金以实际利率 i 直接积累到 n 时刻为 $(1+i)^n$；等式左边表示所有的回报在 n 时刻的积累值，每年末回收的利息 i 形成一个 n 期标准期末付年金，其在 n 时刻的积累值为 $is_{\overline{n}|}$，再加上 n 时刻的 1 单位本金，本利和为 $is_{\overline{n}|} + 1$；等式左右两边是一种投资积累值的两种计算方式，所以 $is_{\overline{n}|} + 1 = (1+i)^n$。

2.2.1.4　$a_{\overline{n}|}$ 与 $s_{\overline{n}|}$ 之间的关系

（1）$a_{\overline{n}|}(1+i)^n = s_{\overline{n}|}$　　　　　　　　　　　　　　(2.3)

证明：

$$
\begin{aligned}
&a_{\overline{n}|}(1+i)^n \\
&= \frac{1-v^n}{i}(1+i)^n \\
&= \frac{(1+i)^n - 1}{i} \\
&= s_{\overline{n}|}
\end{aligned}
$$

每次付款额为 1 的 n 期标准期末付年金的积累值有两种算法：一种是将各期期末投入的本金 1 直接积累到 n 时刻求和，即得 $s_{\overline{n}|}$；另一种是先求出各期期末投入的本金 1 在 0 时刻的现值，即 $a_{\overline{n}|}$，然后 0 时刻将 $a_{\overline{n}|}$ 一次性投入，以复利 i 计息，则得其在 n 时刻的积累值为 $a_{\overline{n}|}(1+i)^n$。这两种计算结果相等，所以

$a_{\overline{n}|}(1+i)^n = s_{\overline{n}|}\circ$

$(2)\ \dfrac{1}{a_{\overline{n}|}} = \dfrac{1}{s_{\overline{n}|}} + i$ \hfill (2.4)

证明:

$$\dfrac{1}{s_{\overline{n}|}} + i$$

$$= \dfrac{i}{(1+i)^n - 1} + i$$

$$= \dfrac{i(1+i)^n}{(1+i)^n - 1}$$

$$= \dfrac{i}{1 - v^n}$$

【例 2 - 3】 计算年实际利率为 6% 的条件下，每年年末投资 100 万元投资 8 年的现值及积累值。

解： 年金的现值为：

$100 \times a_{\overline{10}|\,6\%} = 620.98$（万元）

年金的积累值为：

$100 \times s_{\overline{10}|\,6\%} = 989.75$（万元）

Excel 实现：

PV 函数是一个财务函数，用于根据固定利率计算贷款或投资的现值。〖例 2 - 3〗用 PV 函数来计算，PV(6%，8，-100，0)，其中，括号中的第一个数值为年实际利率，第二个数值为支付期数，第三个数值为每年的支付额，最后一个数值 0 表示期末，1 表示期初，最后得到结果为 620.98 万元。

FV 函数常用于计算固定利率下，一笔投资的积累值。〖例 2 - 3〗用 FV 函数来计算，FV(6%，8，-100，0)，其中，括号中的第一个数值为年实际利率，第二个数值为支付期数，第三个数值为每年的支付额，最后一个数值 0 表示期末，1 表示期初，最后得到结果为 989.75 万元。

【例 2 - 4】 某银行客户想通过零存整取的方式在 1 年后获得 10000 元，在月复利为 0.5% 的情况下，每月末需存入多少钱，才能达到其要求？

解： 假设每月存入 D 元，有：

$Ds_{\overline{12}|\,0.5\%} = 10000$

$D = \dfrac{10000}{s_{\overline{12}|\,0.5\%}} = \dfrac{10000}{12.3356} = 810.66$（元）

【例 2 - 5】 甲在银行存入 200000 元，计划分 4 年支取完，每半年支取一次，每半年计息一次的年名义利率为 7%，计算每次支取的金额。

解：假设每月存入 D 元，已知每半年计息一次的年名义利率为 7%，则每半年的实际利率为 3.5%，有：

$$Da_{\overline{8}|3.5\%} = 200000$$

$$D = \frac{200000}{a_{\overline{8}|3.5\%}} = \frac{200000}{6.8740} = 29095.14 \text{（元）}$$

【**例 2－6**】已知年实际利率是 8%，乙向银行贷款 10000 元，期限为 5 年，计算下面三个还款方式中利息所占的额度。

（1）贷款的本金及利息的积累值在第 5 年末一次性还清；

（2）每年末支付贷款利息，第 5 年末归还本金；

（3）贷款每年年末均衡偿还（即采用年金方式）。

解：方式（1）中，还款本利和为：

$$10000(1 + 0.08)^5 = 14693.28 \text{（元）}$$

利息金额为：14693.28 － 10000 = 4693.28

方式（2）中，每年末需要支付的利息为：

$$1000 \times 8\% = 800 \text{（元）}$$

5 年支付的总利息为：

$$800 \times 5 = 4000 \text{（元）}$$

方式（3）中，假设每期的偿还款为 R，则：

$$R = \frac{10000}{a_{\overline{5}|8\%}} = \frac{10000}{3.99271} = 2504.56 \text{（元）}$$

5 年共还款：

$$5 \times 2504.56 = 12522.80 \text{（元）}$$

利息金额为：

$$12522.80 － 10000 = 2522.80 \text{（元）}$$

2.2.2　期初付年金

2.2.2.1　期初付年金的定义

在每个付款期的期初付款的年金称为期末付年金，即假设年金现金流首次发生在第一个付款期的期初，随后以此分期进行。

特殊的期初付年金——每次付款额为 1 的 n 期标准期初付年金。假设一个年金付款期限为 n 期，每期期初付款额为 1，付款期等于计息期，每期利率为 i，此年金称为每次付款额为 1 的 n 期标准期初付年金。

2.2.2.2 期初付年金的现值

每次付款额为 1 的 n 期标准期初付年金的现值用符号 $\ddot{a}_{\overline{n}|}$ 表示，其等于所有的 n 次付款在 0 时刻的现值之和，则：

$$
\begin{aligned}
\ddot{a}_{\overline{n}|} &= 1 + v + \cdots + v^{n-1} \\
&= \frac{1 - v^n}{1 - v} \\
&= \frac{1 - v^n}{d}
\end{aligned}
\tag{2.5}
$$

其中，1 表示 0 时刻的付款额，v 表示 1 时刻的 1 在 0 时刻的现值，以此类推，v^{n-1} 表示 $n-1$ 时刻的 1 在 0 时刻的现值。

【例 2 - 7】证明 $d\ddot{a}_{\overline{n}|} + v^n = 1$，并解释其含义。

证明：由 $\ddot{a}_{\overline{n}|} = \dfrac{1 - v^n}{d}$，可以整理得 $d\ddot{a}_{\overline{n}|} + v^n = 1$。

其含义为：等式右边表示 0 时刻投资 1 单位本金，等式左边表示投资的回报方式，即 0 时刻以实际贴现率 d 投资 1 单位本金，每年初回收当期产生的利息 d，n 时刻投资结束回收 1 单位本金。每年初回收的利息 d 形成一个 n 期标准期初付年金，其在 0 时刻的现值为 $d\ddot{a}_{\overline{n}|}$；$n$ 时刻的 1 在 0 时刻的现值为 v^n；0 时刻的投资额等于所有回报额的现值之和，所以 $d\ddot{a}_{\overline{n}|} + v^n = 1$。

2.2.2.3 期初付年金的积累值

每次付款额为 1 的 n 期标准期初付年金的积累值用 $\ddot{s}_{\overline{n}|}$ 表示，其等于每期初的付款 1 按利率 i 积累到 n 时刻求和。

$$
\begin{aligned}
\ddot{s}_{\overline{n}|} &= (1 + i)^n + (1 + i)^{n-2} + \cdots + (1 + i) \\
&= \frac{1 + i - (1 + i)^{n+1}}{1 - (1 + i)} \\
&= \frac{(1 + i)^n - 1}{\frac{i}{1 + i}} \\
&= \frac{(1 + i)^n - 1}{d}
\end{aligned}
\tag{2.6}
$$

【例 2 - 8】证明 $d\ddot{s}_{\overline{n}|} + 1 = (1 + i)^n$，并解释其含义。

证明：由 $\ddot{s}_{\overline{n}|} = \dfrac{(1 + i)^n - 1}{d}$，可以整理得 $d\ddot{s}_{\overline{n}|} + 1 = (1 + i)^n$。

其含义为：等式的左右两边都表示 0 时刻投资的 1 单位本金在 n 时刻的积累值。0 时刻以实际贴现率 d 投资 1 单位本金，回报方式为每年初回收当期产

生的利息 d，n 时刻投资结束回收 1 单位本金。等式右边表示 0 时刻投资的 1 单位本金以实际利率 i（与实际贴现率 d 等价）直接积累到 n 时刻，为 $(1+i)^n$；等式左边表示所有的回报在 n 时刻的积累值，每年初回收的利息 d 形成一个 n 期标准期初付年金，其在 n 时刻的积累值为 $d\ddot{s}_{\overline{n}|}$，再加上 n 时刻的 1 单位本金，本利和为 $d\ddot{s}_{\overline{n}|}+1$，等式左右两边是一种投资积累值的两种计算方式，所以 $d\ddot{s}_{\overline{n}|}+1=(1+i)^n$。

2.2.2.4　$\ddot{a}_{\overline{n}|}$ 与 $\ddot{s}_{\overline{n}|}$ 之间的关系

（1）$\ddot{a}_{\overline{n}|}(1+i)^n = \ddot{s}_{\overline{n}|}$ 　　　　　　　　　　　　　　　　　（2.7）

证明：

$$\ddot{a}_{\overline{n}|}(1+i)^n$$

$$= \frac{1-v^n}{d}(1+i)^n$$

$$= \frac{(1+i)^n-1}{d}$$

$$= \ddot{s}_{\overline{n}|}$$

每次付款额为 1 的 n 期标准期初付年金的积累值有两种算法，一种是将各期期初投入的 1 单位本金直接积累到 n 时刻求和，即得 $\ddot{s}_{\overline{n}|}$；另一种是先求出各期期初投资的 1 单位本金在 0 时刻的年金现值，即为 $\ddot{a}_{\overline{n}|}$，然后 0 时刻将 $\ddot{a}_{\overline{n}|}$ 一次性投入，以复利 i 计息，其在 n 时刻的积累值即为 $\ddot{a}_{\overline{n}|}(1+i)^n$，这两种计算结果相等，所以 $\ddot{a}_{\overline{n}|}(1+i)^n = \ddot{s}_{\overline{n}|}$。

（2）$\dfrac{1}{\ddot{a}_{\overline{n}|}} = \dfrac{1}{\ddot{s}_{\overline{n}|}} + d$ 　　　　　　　　　　　　　　　　　（2.8）

证明：

$$\frac{1}{\ddot{s}_{\overline{n}|}} + d$$

$$= \frac{d}{(1+i)^n-1} + d$$

$$= \frac{d(1+i)^n}{(1+i)^n-1}$$

$$= \frac{d}{1-v^n}$$

$$= \frac{1}{\ddot{a}_{\overline{n}|}}$$

2.2.2.5 $a_{\overline{n}|}$ 与 $\ddot{a}_{\overline{n}|}$、$s_{\overline{n}|}$ 与 $\ddot{s}_{\overline{n}|}$ 之间的关系

（1） $a_{\overline{n}|}(1+i) = \ddot{a}_{\overline{n}|}$ （2.9）

证明：

$$a_{\overline{n}|}(1+i)$$

$$= \frac{1-v^n}{i} \times (1+i)$$

$$= \frac{1-v^n}{\dfrac{i}{1+i}}$$

$$= \frac{1-v^n}{d}$$

$$= \ddot{a}_{\overline{n}|}$$

（2） $s_{\overline{n}|}(1+i) = \ddot{s}_{\overline{n}|}$ （2.10）

证明：

$$s_{\overline{n}|}(1+i)$$

$$= \frac{(1+i)^n-1}{i} \times (1+i)$$

$$= \frac{(1+i)^n-1}{\dfrac{i}{1+i}}$$

$$= \frac{(1+i)^n-1}{d}$$

$$= \ddot{s}_{\overline{n}|}$$

如图 2.1 所示，以 0 时刻为起点，所有的 n 次付款形成一个 n 期标准期末付年金，其在 0 时刻的现值为 $a_{\overline{n}|}$，在 n 时刻的积累值为 $s_{\overline{n}|}$；以 1 时刻为起点，所有的 n 次付款形成一个 n 期标准期初付年金，其在 1 时刻的现值为 $\ddot{a}_{\overline{n}|}$，在 $n+1$ 时刻的积累值为 $\ddot{s}_{\overline{n}|}$；$a_{\overline{n}|}$ 与 $\ddot{a}_{\overline{n}|}$ 之间相差一个计息期，所以 $a_{\overline{n}|}(1+i) = \ddot{a}_{\overline{n}|}$；$s_{\overline{n}|}$ 与 $\ddot{s}_{\overline{n}|}$ 之间相差一个计息期，所以 $s_{\overline{n}|}(1+i) = \ddot{s}_{\overline{n}|}$。

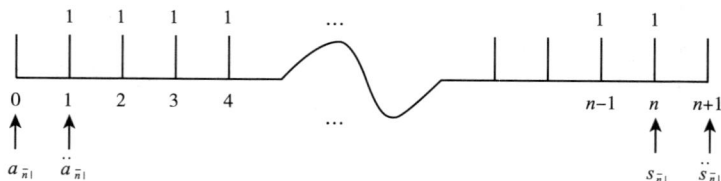

图 2.1 标准期末、期初付年金现值（积累值）之间关系的时间图解释

（3）$\ddot{a}_{\overline{n}|} = a_{\overline{n-1}|} + 1$ （2.11）

证明：

$a_{\overline{n-1}|} + 1$

$= \dfrac{1 - v^{n-1}}{i} + 1$

$= \dfrac{1 - v^{n-1} + i}{i}$

$= \dfrac{\dfrac{1 - v^n}{i}}{1 + i}$

$= \dfrac{1 - v^n}{d}$

$= \ddot{a}_{\overline{n}|}$

如图 2.2 所示，以 0 时刻为起点，1 时刻到 $n-1$ 时刻的付款形成一个 $n-1$ 期标准期末付年金，所以其在 0 时刻的现值为 $a_{\overline{n-1}|}$；在 0 时刻补充一次付款，以 0 时刻为起点，0 时刻到 $n-1$ 时刻的所有付款形成一个 n 期标准期初付年金，其在 0 时刻的现值为 $\ddot{a}_{\overline{n}|}$；所以 $\ddot{a}_{\overline{n}|} = a_{\overline{n-1}|} + 1$。

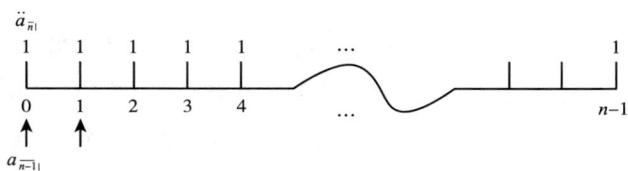

图 2.2 式（2.11）的时间图解释

（4）$s_{\overline{n+1}|} = \ddot{s}_{\overline{n}|} + 1$ （2.12）

证明：

$\ddot{s}_{\overline{n}|} + 1 = \dfrac{(1 + i)^n - 1}{d} + 1$

$= \dfrac{(1 + i)^n - 1 + d}{d}$

$= \dfrac{(1 + i)^n - (1 - d)}{d}$

$= \dfrac{(1 + i)^{n+1} - 1}{i}$

$= S_{\overline{n+1}|}$

如图 2.3 所示，以 0 时刻为起点，1 时刻到 $n+1$ 时刻的所有付款形成一个 $n+1$ 期标准期末付年金，所以其在 $n+1$ 时刻的积累值为 $s_{\overline{n+1}|}$；以 1 时刻为起点，1 时刻到 n 时刻的所有付款形成一个 n 期标准期初付年金，其在 $n+1$ 时刻的积累值为 $\ddot{s}_{\overline{n}|}$；所以 $s_{\overline{n+1}|} = \ddot{s}_{\overline{n}|} + 1$。

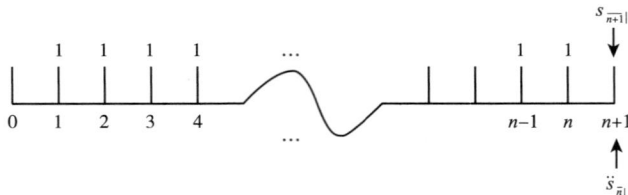

图 2.3 式（2.12）的时间图解释

【例 2 - 9】某银行客户想通过零存整取的方式在 1 年后获得 10000 元，在月复利为 0.5% 的情况下，每月初需存入多少钱，才能达到其要求？

解： 设每月月初的存款额为 D，则：

$$D\ddot{s}_{\overline{12}|0.005} = 10000$$

$$D = 806.63$$

所以客户每月月初需存入 806.63 元，才可在一年后获得 10000 元。

【例 2 - 10】某人购买一处住宅，价值 160000 元。首期付款额为 A，余下的部分自次月起每月月初付 1000 元，共付款 10 年。已知每年计息 12 次的年名义利率为 8.7%，计算 A。

解： 根据题意，每月的实际利率为 8.7%/12 = 0.725%，共支付 120 次，列方程得到：

$$160000 - A = 1000 \times a_{\overline{120}|0.725\%}$$

$$A = 80037.04（元）$$

所以其首付为 80037.04 元。

【例 2 - 11】某人在 50 岁起，每年初在银行存入 5000 元，共存 10 年，自 60 岁起，每年初从银行提出一笔款作为生活费，拟提取 10 年。已知年实际利率为 10%，计算其每年的生活费。

解： 假设其每年的生活费为 D 元，则根据题意知：

$$5000\ddot{s}_{\overline{10}|0.1} = D\ddot{a}_{\overline{10}|0.1}$$

$$D = 12968.71$$

所以其每年的生活费为 12968.71 元。

2.2.3　任意时刻的年金值

延期年金：以当前时刻为 0 时刻点，在 0 时刻以后若干时期后开始按期支付的年金，称为延期年金。

对于延期年金，有三个时刻的年金值需要计算：

（1）首期付款前某时刻的年金现值；

（2）最后一期付款后某时刻的年金积累值；

（3）付款期间某时刻的年金当前值。

例如，付款次数为 4，首次付款发生在 2 时刻，末次付款发生在 5 时刻。具体如图 2.4 所示。

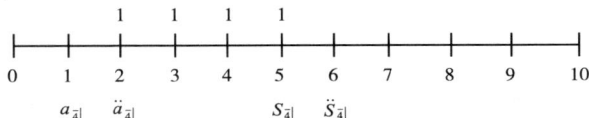

图 2.4　延期年金时间图

此题中求 0 时刻的年金现值就是延期年金现值，即情况（1）；求 10 时刻的年金积累值相当于情况（2），也即求延期年金积累值；求 4 时刻的年金当前值相当于情况（3）。

另外，这 4 次付款以 1 时刻为相对 0 时刻，形成一个每次的付款额为 1 的 4 期标准期末付年金，所以其在 1 时刻的年金现值为 $a_{\overline{4}|}$，在 5 时刻的年金积累值为 $S_{\overline{4}|}$；这 4 次付款以 2 时刻为相对 0 时刻，形成一个每次的付款额为 1 的 4 期标准期初付年金，所以其在 2 时刻的年金现值为 $\ddot{a}_{\overline{4}|}$，在 6 时刻的年金积累值为 $\ddot{S}_{\overline{4}|}$。

2.2.3.1　在首期付款前某时刻的年金现值

$V(0)$ 表示 4 次付款在 0 时刻的年金现值。

方法一：年金现值贴现。

$$V(0) = a_{\overline{4}|}V = \ddot{a}_{\overline{4}|}V^2$$

方法二：年金积累值之间相加减。

假设在 1 时刻补充 1 单位的付款，则这一次付款在 0 时刻的现值为 $a_{\overline{1}|}$；这一次付款加上已有的 4 次付款组成一个 5 期标准期末付年金，其在 0 时刻的现值为 $a_{\overline{5}|}$，所以已知的 4 次付款在 0 时刻的现值为：$V(0) = a_{\overline{5}|} - a_{\overline{1}|}$。

若假设在 0、1 时刻各补充 1 单位的付款，则这 2 次付款在 0 时刻的现值为 $\ddot{a}_{\overline{2}|}$；这 2 次付款加上已有的 4 次付款组成一个 6 期标准期初付年金，其在 0 时刻的现值为 $\ddot{a}_{\overline{6}|}$，所以已知的 4 次付款在 0 时刻的现值为：$V(0) = \ddot{a}_{\overline{6}|} - \ddot{a}_{\overline{2}|}$。

注：通过以上两种方法计算出的现值是相等的，因此有：

$$a_{\overline{4}|}V = a_{\overline{5}|} - a_{\overline{1}|}$$

$$\ddot{a}_{\overline{4}|}V^2 = \ddot{a}_{\overline{6}|} - \ddot{a}_{\overline{2}|}$$

一般地，有以下关系式：

$$a_{\overline{n}|}V^m = a_{\overline{n+m}|} - a_{\overline{m}|} \tag{2.13}$$

$$\ddot{a}_{\overline{n}|}V^m = \ddot{a}_{\overline{n+m}|} - \ddot{a}_{\overline{m}|} \tag{2.14}$$

【例 2 - 12】某企业从银行借入一笔款项，银行贷款的年实际利率为 8%，银行规定前 10 年不用还本付息，但从第 11 年开始至第 20 年每年末偿还本息 2000 元，问这笔贷款的金额为多少？

解：

$$\begin{aligned} V(0) &= 2000a_{\overline{10}|} \times v^{10} \\ &= 2000 \times 6.7101 \times 0.46319 \\ &= 6216（元） \end{aligned}$$

所以这笔贷款的金额为 6216 元。

【例 2 - 13】年金 A 的给付情况是：1 ~ 10 年，每年末付款 1000 元；11 ~ 20 年，每年末付 2000 元；21 ~ 30 年，每年末付 1000 元。年金 B 在 1 ~ 10 年，每年末付 K 元；11 ~ 20 年每年末付 0；21 ~ 30 年，每年末付 K 元。若 A 与 B 的现值相等，已知 $v^{10} = 0.5$，计算 K。

解：

$$1000a_{\overline{10}|} + 2000a_{\overline{10}|}v^{10} + 1000a_{\overline{10}|}v^{20} = Ka_{\overline{10}|} + Ka_{\overline{10}|}v^{20}$$

$$K = 1800$$

2.2.3.2　最后一次付款后，某时刻的年金积累值

$V(10)$ 表示这 4 次付款在 10 时刻的年金积累值。

方法一：年金积累值积累。

$$V(10) = S_{\overline{4}|}(1 + i)^5 = \ddot{S}_{\overline{4}|}(1 + i)^4$$

方法二：年金积累值之间相加减。

假设在时刻 6 ~ 10 各补充 1 单位付款，则这 5 次付款在 10 时刻的积累值为 $S_{\overline{5}|}$，这 5 次付款加上已有的 4 次付款在 10 时刻的积累值为 $S_{\overline{9}|}$，因此：

$$V(10) = S_{\overline{9}|} - S_{\overline{5}|}$$

假设在时刻 6 ~ 9 各补充 1 单位付款，则这 4 次付款在 10 时刻的积累值为 $\ddot{S}_{\overline{4}|}$，这 4 次付款加上已有的 4 次付款在 10 时刻的积累值为 $\ddot{S}_{\overline{8}|}$，因此：

$$V(10) = \ddot{S}_{\overline{8}|} - \ddot{S}_{\overline{4}|}$$

注：通过以上两种方法计算出的积累值相等，则：

$$S_{\overline{4}|}(1 + i)^5 = S_{\overline{9}|} - S_{\overline{5}|}$$

$$\ddot{S}_{\overline{4}|}(1 + i)^4 = \ddot{S}_{\overline{8}|} - \ddot{S}_{\overline{4}|}$$

一般地，有以下关系式：

$$S_{\overline{n}|}(1 + i)^m = S_{\overline{n+m}|} - S_{\overline{m}|} \tag{2.15}$$

$$\ddot{S}_{\overline{n}|}(1 + i)^m = \ddot{S}_{\overline{n+m}|} - \ddot{S}_{\overline{m}|} \tag{2.16}$$

【例 2 - 14】一份保险合同规定，年金受益人可以从第 2 年开始每年末向保险公司领取 2000 元，一共领取 10 次，若年金受益人死亡，由其继承人继续领取，直至 10 年期满。年金受益人希望将这笔年金保存于保险公司，并在第 15 年末一次性领取。若保险公司同意按 5% 的年实际利率支付利息，那么保险公司在第 15 年末应该支付多少？

解： 第 11 年末积累值为 $2000s_{\overline{10}|}$，第 15 年末的积累值为 $2000s_{\overline{10}|}(1 + 5\%)^4 = 30577.01$（元）。

2.2.3.3　付款期间某时刻的年金当前值

$V(4)$ 表示所有付款在 4 时刻的年金当前值。

方法一：年金现值积累。

$$V(4) = a_{\overline{4}|}(1 + i)^3 = \ddot{a}_{\overline{4}|}(1 + i)^2$$

方法二：年金积累值折现。

$$V(4) = S_{\overline{4}|}V = \ddot{S}_{\overline{4}|}V^2$$

方法三：年金现值或积累值之间相加减。

$$V(4) = S_{\overline{3}|} + a_{\overline{1}|} = \ddot{S}_{\overline{2}|} + \ddot{a}_{\overline{2}|}$$

上面三种算法得出的结果相等，从而有：

$$a_{\overline{4}|}(1 + i)^3 = S_{\overline{4}|}V = S_{\overline{3}|} + a_{\overline{1}|}$$

$$\ddot{a}_{\overline{4}|}(1 + i)^2 = \ddot{S}_{\overline{4}|}V^2 = \ddot{S}_{\overline{2}|} + \ddot{a}_{\overline{2}|}$$

一般地，有以下关系式：

$$a_{\overline{n}|}(1 + i)^m = S_{\overline{n}|}V^{n-m} = S_{\overline{m}|} + a_{\overline{n-m}|} \tag{2.17}$$

$$\ddot{a}_{\overline{n}|}(1 + i)^m = \ddot{S}_{\overline{n}|}V^{n-m} = \ddot{S}_{\overline{m}|} + \ddot{a}_{\overline{n-m}|} \tag{2.18}$$

【例 2 - 15】某企业从银行获得一笔款项，年实际利率为 6%，假设企业每年末向银行偿付 20000 元，10 年后可还清贷款的所有本息，如果企业打算在 5 年零 3 个月时一次付清所有的贷款本息，计算企业应该一次性偿付多少？

解：$V(5.25) = 20000s_{\overline{10}|}v^{4.75} = 20000a_{\overline{10}|}(1+i)^{5.25} = 199879.72$（元）

所以企业应一次性偿付 199879.72 元。

2.2.4 永续年金

2.2.4.1 永续年金的定义

付款次数没有限制，永远持续的年金称为永续年金。例如，公司股票中不能赎回的优先股，其固定的红利给付就是永续年金的形式。

2.2.4.2 永续年金的现值及积累值

期末付永续年金的现值记为 $a_{\overline{\infty}|}$，其计算方法有以下两种。

方法一：贴现求和。

$$a_{\overline{\infty}|} = v + v^2 + \cdots = \frac{v}{1-v} = \frac{1}{i} \tag{2.19}$$

方法二：利用定期年金和永续年金之间的关系。

$$a_{\overline{\infty}|} = \lim_{n\to\infty}a_{\overline{n}|} = \lim_{n\to\infty}\frac{1-v^n}{i} = \frac{1}{i}$$

永续年金可以理解为：在利率为 i 时，0 时刻投资 $\frac{1}{i}$，且不收回本金，则每期期末可获得数额为 1 的利息，一直持续下去。

期初付永续年金的现值记为 $\ddot{a}_{\overline{\infty}|}$，其计算方法有以下两种。

方法一：贴现求和。

$$\ddot{a}_{\overline{\infty}|} = 1 + v + \cdots = \frac{1}{1-v} = \frac{1}{d} \tag{2.20}$$

方法二：利用定期年金和永续年金之间的关系。

$$\ddot{a}_{\overline{\infty}|} = \lim_{n\to\infty}\ddot{a}_{\overline{n}|} = \lim_{n\to\infty}\frac{1-v^n}{d} = \frac{1}{d}$$

【例 2 - 16】 某人去世后，保险公司将支付现值为 80000 元的保险金，其受益人经协商，决定按永续年金的方式领取该笔款项。假设所有的年金领取都发生在年末，保险公司的预定利率为年实际利率 5%，则每年受益人的领取额为多少元？

解：假设每年的领取额为 R，则 $R \times \frac{1}{i} = 80000$，$R$ 为 4000 元。

2.3 一般型年金

本节主要介绍年金标准型的各种变化，如利率的变化、计息期或计息频率、付款频率的变化等，这些变化了的年金统称为一般型年金。

2.3.1 变动利率年金

变动利率年金假设付款期等于计息期，每隔相同的时间间隔付一次款，每次的付款额相同，但是整个付款期内的利率是变化的。变动利率年金一般有两种利率变动方式，下面以期末为例，给出其计算现值和积累值的方法，变动利率下期初付年金的现值及积累值的计算可以以此类推。

2.3.1.1 各付款期内的利率不同

各付款期内的利率不同，即不同付款期的利率不同。以 n 期期末付年金为例，假设第一个付款期内的利率为 i_1，第二个付款期内的利率为 i_2……第 n 个付款期内的利率为 i_n。这样，所有付款的年金现值为：

$$V(0) = (1+i_1)^{-1} + (1+i_1)^{-1}(1+i_2)^{-1} + \cdots + (1+i_1)^{-1}(1+i_2)^{-1}\cdots(1+i_n)^{-1}$$

$$(2.21)$$

所有付款的年金积累值为：

$$V(n) = 1 + (1+i_n) + (1+i_n)(1+i_{n-1}) + \cdots + (1+i_n)(1+i_{n-1})\cdots(1+i_2)$$

$$(2.22)$$

2.3.1.2 各次付款所依据的利率不同

各次付款所依据的利率不同，即各次付款的现值及积累值的计算都基于该次付款的利率值。以 n 期期末付年金为例，假设第一次付款的利率为 i_1，第二次付款的利率为 i_2……第 n 次付款的利率为 i_n。这样，所有付款的年金现值为：

$$V(0) = (1+i_1)^{-1} + (1+i_2)^{-2} + \cdots + (1+i_n)^{-n} \qquad (2.23)$$

相应的年金积累值为：

$$V(n) = (1+i_1)^{n-1} + (1+i_2)^{n-2} + \cdots + (1+i_{n-1}) + 1 \qquad (2.24)$$

注意：此两种方式的利率变化是不一样的，前一种是在时间段 $(s-1, s)$

内的利率为 i_s，所有的 n 次付款在经过 $(s-1, s)$ 这个区间时，积累和折现都要用 i_s 进行；后一种是第 s 次付款的利率为 i_s，这次付款无论是计算现值还是积累值，都用利率 i_s，而 i_s 对其他各次付款无效。

【例 2 - 17】某人每年年初存入银行 1000 元，前 4 年的年实际利率为 6%，后 6 年由于通货膨胀率的提高，年实际利率升到 10%，计算第 10 年末的存款积累值。

解： 前 4 年的存款在第 4 年末的积累值为：

$$1000\ddot{s}_{\overline{4}|0.06} = 4637.09 \text{（元）}$$

这笔存款积累值再按 10% 的年实际利率积累到第 10 年末，积累值为：

$$4637.09 \times (1 + 0.10)^6 = 8214.89 \text{（元）}$$

而后 6 年的存款在第 10 年末的积累值为：

$$1000\ddot{s}_{\overline{6}|0.10} = 8487.17 \text{（元）}$$

因此，所有存款在第 10 年末的积累值为：

$$8214.89 + 8487.17 = 16702.06 \text{（元）}$$

【例 2 - 17 续】若上例中，6% 的年实际利率针对前 4 次存款，10% 的年实际利率针对后 6 次存款，计算整个存款在第 10 年末的积累值。

解： 根据上例，前 4 年的存款在第 4 年末的积累值仍按 6% 的年实际利率积累，在第 10 年末的积累值为：

$$4637.09 \times (1 + 0.06)^6 = 6577.80 \text{（元）}$$

而后 6 年存款的积累值不变，因而第 10 年末的存款积累值为：

$$6577.80 + 8487.17 = 15064.97 \text{（元）}$$

【例 2 - 18】某期期初付年金每次付款额为 1，共付 20 次，第 k 年的实际利率为 $\dfrac{1}{8+k}$，计算 $V(2)$。

解：

$$V(2) = 1 \times \left(1 + \frac{1}{8+1}\right)\left(1 + \frac{1}{8+2}\right) + 1 \times \left(1 + \frac{1}{8+2}\right) + 1 + \left(1 + \frac{1}{8+3}\right)^{-1} +$$

$$\cdots + \left(1 + \frac{1}{8+3}\right)^{-1}\left(1 + \frac{1}{8+4}\right)^{-1}\cdots\left(1 + \frac{1}{8+19}\right)^{-1}$$

$$= \sum_{i=9}^{28} \frac{11}{i}$$

2.3.2 付款频率与计息频率不同的年金

付款频率与计息频率不同的年金，假设付款期不等于计息期，每隔相同的时间间隔付一次款，每次的付款额相同，整个付款期内的利率是不变的。

付款频率与计息频率不同的年金分为两种情况：一种是付款频率低于计息频率（付款期大于计息期），另一种是付款频率高于计息频率（付款期小于计息期）。下面给出两种付款频率与计息频率不同的年金的计算方法。

2.3.2.1　利率转换法

适用范围：只是为了计算出年金的现值或积累值，而不作分析。

做法：可以利用第一章利率之间的等价公式，将与付款频率不同的计息频率下的利率，转换为与付款频率相同的计息频率下的利率，即通过利率的调节变换，使其变为标准型年金，然后再计算年金的现值或积累值。

【例 2 - 19】 某人购房贷款 80000 元，每月初还款一次，分 10 年还清，每次还款额相等，贷款年实际利率为 10.98%，计算每次的还款额。

解： 根据已知的年实际利率，计算出月实际利率：

$$1 + 0.1098 = (1 + i)^{12}$$

$$i = (1.1098)^{1/12} - 1 = 0.008719$$

设每次还款额为 R，则：

$$R\ddot{a}_{\overline{120}|\,i} = 80000$$

$$R = \frac{80000}{\ddot{a}_{\overline{120}|\,i}} = 1068.52（元）$$

所以每月月初需还款 1068.52 元。

【例 2 - 20】 某人在前两年中，每半年初在银行存款 2000 元，后 3 年中，每季初在银行存款 2000 元，已知每月计息一次的年名义利率为 12%，计算第 5 年末该储户的存款积累值。

解： 由题意知，每月实际利率为 1%，则每半年的实际利率为：

$$(1 + 0.01)^6 - 1 = 0.0615202$$

每季度的实际利率为：

$$(1 + 0.01)^3 - 1 = 0.030301$$

所以第 5 年末该储户的存款积累值为：

$$2000 \left[\ddot{s}_{\overline{4}|\,0.0615202} \times (1 + 0.01)^{12 \times 3} + \ddot{s}_{\overline{12}|\,0.030301} \right] = 42612.43（元）$$

2.3.2.2　代数分析法

当付款频率与计息频率不同时，不仅要计算年金的现值或积累值，而且要用已知的年金符号表示，并作出分析和解释，使其更具一般性，这种方法称为代数分析法。

（1）付款频率低于计息频率的年金。

①期末付年金。设 k 为每个付款期内的计息次数，n 为整个付款期内的总计息次数，i 为每个计息期上的实际利率，并假设 n、k 为整数，则付款次数为 $\dfrac{n}{k}$，且 $\dfrac{n}{k}$ 也为整数。假设在每个付款期的期末付款额为 1，流程如图 2.5 所示。

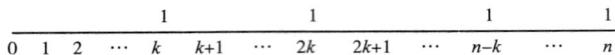

$$
\begin{array}{ccccccccccccc}
 & & & & 1 & & & 1 & & & 1 & & 1 \\
\hline
0 & 1 & 2 & \cdots & k & k+1 & \cdots & 2k & 2k+1 & \cdots & n-k & \cdots & n
\end{array}
$$

图 2.5   付款期大于计息期的期末付年金时间图

这种情形下，年金的现值为：

$$
v^k + v^{2k} + \cdots + v^{\frac{n}{k}\times k}
$$

$$
= \frac{v^k - v^{n+k}}{1 - v^k}
$$

$$
= \frac{1 - v^n}{(1+i)^k - 1} \tag{2.25}
$$

$$
= \frac{a_{\overline{n}|}}{s_{\overline{k}|}}
$$

相应的积累值为：

$$
(1+i)^{n-k} + (1+i)^{n-2k} + \cdots + 1 = \frac{(1+i)^n - 1}{(1+i)^k - 1} = \frac{s_{\overline{n}|}}{s_{\overline{k}|}} \tag{2.26}
$$

年金的积累值也可由年金的现值积累得到：

$$
\frac{a_{\overline{n}|}}{s_{\overline{k}|}}(1+i)^n = \frac{s_{\overline{n}|}}{s_{\overline{k}|}} \tag{2.27}
$$

思考：此年金等价于一个什么样的标准型年金？

等价于一个付款期等于计息期，每期期末付款额为 $\dfrac{1}{s_{\overline{k}|}}$ 的 n 期标准期末付年金。

证明：每次的付款额 1 可以看作是每期期末付款额为 R 的 k 期标准期末付年金的积累值，则有 $R \times s_{\overline{k}|} = 1$，$R = \dfrac{1}{s_{\overline{k}|}}$。流程如图 2.6 所示。

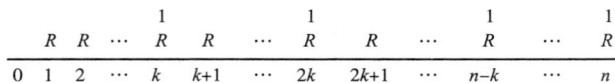

$$
\begin{array}{ccccccccccccc}
 & & & & 1 & & & 1 & & & 1 & & 1 \\
R & R & \cdots & R & R & \cdots & R & R & \cdots & R & \cdots & R \\
\hline
0 & 1 & 2 & \cdots & k & k+1 & \cdots & 2k & 2k+1 & \cdots & n-k & & n
\end{array}
$$

图 2.6   付款期大于计息期的期末付年金的转换图

这样在 n 个计息期，每个计息期期末都有 R 元的付款，所有的 n 次付款形成了一个 n 期标准期末付年金，年金现值为：

$$R \times a_{\overline{n}|} = \frac{1}{s_{\overline{k}|}} \times a_{\overline{n}|}$$

同样可得年金积累值为：

$$R \times s_{\overline{n}|} = \frac{1}{s_{\overline{k}|}} \times s_{\overline{n}|}$$

②期初付年金。设 k 为每个付款期内的计息次数，n 为整个付款期内的总计息次数，i 为每个计息期上的实际利率，并假设 n，k 为整数，则付款次数为 $\frac{n}{k}$，且 $\frac{n}{k}$ 也为整数。假设在每个付款期的期初付款额为 1，流程如图 2.7 所示。

图 2.7　付款期大于计息期的期初付年金时间图

这种情形下，年金的现值为：

$$1 + v^k + v^{2k} + \cdots + v^{n-k} = \frac{1 - v^n}{1 - v^k} = \frac{a_{\overline{n}|}}{a_{\overline{k}|}} \tag{2.28}$$

年金的积累值为：

$$
\begin{aligned}
&(1+i)^n + (1+i)^{n-k} + \cdots + (1+i)^k \\
&= (1+i)^k \frac{1 - (1+i)^n}{1 - (1+i)^k} \\
&= \frac{(1+i)^n - 1}{1 - v^k} \\
&= \frac{s_{\overline{n}|}}{a_{\overline{k}|}}
\end{aligned}
\tag{2.29}
$$

年金的积累值也可以通过年金现值计算得到：

$$\frac{a_{\overline{n}|}}{a_{\overline{k}|}} \times (1+i)^n = \frac{s_{\overline{n}|}}{a_{\overline{k}|}} \tag{2.30}$$

思考：此年金等价于一个什么样的标准型年金？

该年金等价于一个付款期等于计息期，每次付款额为 $\frac{1}{a_{\overline{k}|}}$ 的 n 期标准期末付年金，相应的流程如图 2.8 所示。

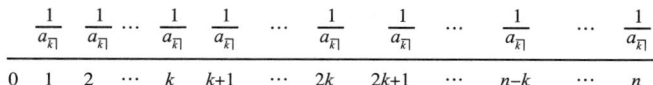

图 2.8　付款期大于计息期的期初付年金的转换图

从而该年金的现值为 $\dfrac{a_{\overline{n}|}}{a_{\overline{k}|}}$，该年金的积累值为 $\dfrac{s_{\overline{n}|}}{a_{\overline{k}|}}$。

③付款频率小于计息频率的永续年金。假设每个付款期计息 k 次，每个计息期内的实际利率为 i，则在每个付款期期末付款 1 的期末付永续年金的现值为：

$$v^k + v^{2k} + \cdots = \frac{v^k}{1 - v^k}$$

$$= \frac{1}{(1 + i)^k - 1}$$

$$= \frac{1}{i} \times \frac{i}{(1 + i)^k - 1}$$

$$= \frac{a_{\overline{\infty}|}}{s_{\overline{k}|}}$$

即期末付永续年金的现值为：

$$\frac{a_{\overline{\infty}|}}{s_{\overline{k}|}} \tag{2.31}$$

期初付永续年金的现值为：

$$\frac{a_{\overline{\infty}|}}{a_{\overline{k}|}} \tag{2.32}$$

【例 2 – 21】假设投资者在 5 年内每年初向一基金存入 1000 元，若该基金每月计息一次，月实际利率为 1%，计算此项投资在第 5 年末的价值。

解：所有的付款形成了一个付款期大于计息期的期初付年金，且 $k = 12$，$n = 60$，所以积累值为：

$$1000 \times \frac{s_{\overline{60}|0.01}}{a_{\overline{12}|0.01}} = 7256.25 \text{（元）。}$$

【例 2 – 22】每月实际利率为 1%，甲于每季度初在银行存款 1000 元，共存 3 年，以后两年每季度初存入 2000 元，计算甲在第 5 年末的存款积累值。

解：5 年中共有 60 个计息期，20 个付款期，每个付款期内有 3 个计息期，存款积累值为：

$$1000 \times \frac{s_{\overline{60}|0.01} + s_{\overline{24}|0.01}}{a_{\overline{3}|0.01}} = 1000 \times \frac{81.66967 + 26.973465}{2.940985}$$

$$= 36941.07 \text{（元）}$$

【例 2 – 23】某永续年金每三年末付款一次，付款额为 1，现值为 $\dfrac{129}{91}$，计算年实际利率 i。

解：

$$\frac{a_{\overline{\infty}|}}{s_{\overline{3}|}} = \frac{129}{91}$$

$$\frac{1}{(1+i)^3 - 1} = \frac{129}{91}$$

$$i = 19.48\%$$

【例 2 – 24】 某期末付年金付款如下：单数年末每次付款 100 元，双数年末每次付款 200 元，共 20 年。若在某时间 t 一次性付 3000 元的现值与前面的年金现值相等，已知年实际利率为 i，求 t。

解： 单数年末付的年金，若以 1 时刻为相对 0 时刻，形成了一个付款期大于计息期的期初付年金，所以在 1 时刻的现值为 $100\frac{a_{\overline{20}|}}{a_{\overline{2}|}}$，在 0 时刻的现值为 $100\frac{a_{\overline{20}|}}{a_{\overline{2}|}}v$。双数年末付的年金，形成了一个付款期大于计息期的期末付年金，所以在 0 时刻的现值为 $200\frac{a_{\overline{20}|}}{s_{\overline{2}|}}$。因此，价值方程为：

$$200\frac{a_{\overline{20}|}}{s_{\overline{2}|}} + 100\frac{a_{\overline{20}|}}{a_{\overline{2}|}}v = 3000v^t$$

$$t = \frac{\ln\frac{a_{\overline{20}|}}{30a_{\overline{2}|}}(v+2v^2)}{\ln v}$$

（2）付款频率高于计息频率的年金（常见情况）。

假定：计息期是付款期的整数倍。m 表示每个计息期内的付款次数；n 表示总计息次数，即付款总次数为 mn；i 表示每个计息期的实际利率。

①期末付年金。假设在每个付款期的期末付款为 $\frac{1}{m}$ 元，流程如图 2.9 所示。

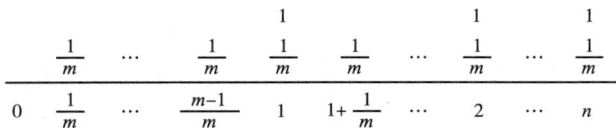

图 2.9　计息期大于付款期的期末付年金时间图

注：在一个计息期内总共付款 m 次，共付款 1 个单位金额。

此年金的现值记为 $a_{\overline{n}|i}^{(m)}$：

$$a_{\overline{n}|i}^{(m)} = \frac{1}{m}\left[v^{\frac{1}{m}} + v^{\frac{2}{m}} + \cdots + v^{\frac{n-1}{m}} + v^n\right]$$

$$= \frac{1}{m} \times v^{\frac{1}{m}}\frac{1-v^n}{1-v^{\frac{1}{m}}} \tag{2.33}$$

$$= \frac{1 - v^n}{m \left[(1 + i)^{\frac{1}{m}} - 1 \right]}$$

$$= \frac{1 - v^n}{i^{(m)}}$$

此年金的积累值记为 $s_{\overline{n}|i}^{(m)}$：

$$s_{\overline{n}|i}^{(m)} = a_{\overline{n}|i}^{(m)} (1 + i)^n = \frac{(1 + i)^n - 1}{i^{(m)}} \qquad (2.34)$$

思考：此年金等价于一个什么样的标准型年金？

等价于一个付款期等于计息期的 mn 期标准期末付年金，每次的付款额为 $\frac{1}{m}$，每个付款期上的实际利率为 $(1 + i)^{\frac{1}{m}} - 1$。

【例 2 – 25】某投资者向一基金中存入 1 万元，基金的年实际利率为 5%，如果该投资者希望在今后的 5 年内每季度末领取一笔等额收入，计算该投资者每次可以领取的金额。

解：已知年实际利率为 5%，每年领取 4 次，所以所有的付款形成了一个付款期小于计息期的期末付年金。

设每个季度可以领取 X 元，则：

$$4X a_{\overline{5}|5\%}^{(4)} = 10000$$

$$X = 566.92 \text{（元）}$$

【例 2 – 26】某人在银行采取零存整取的方式存款，拟 5 年后一次性取出，每月末存入 1000 元，已知年实际利率为 6%，计算该储户到时可支取的存款本利和。

解：年实际利率为 6%，每月末存款一次，每次存入 1000 元，共存 5 年，所以 $n = 5$，$m = 12$，年租金为 12000 元。本利和为：

$$12000 s_{\overline{5}|i}^{(12)} = 12000 \frac{i}{i^{(12)}} s_{\overline{5}|} = 69485.79$$

【例 2 – 27】某人在退休前 5 年，每季度末将其季度奖中的 2000 元存入银行的固定账户，直到退休（某年 1 月 1 日退休）。已知年实际利率为 0.06，计算该职工在退休 6 年后的存款积累值。

解：根据题意，存款积累值为：

$$mR s_{\overline{5}|0.06}^{(4)} (1.06)^6$$
$$= 4 \times 2000 s_{\overline{5}|0.06}^{(4)} (1.06)^6$$
$$= 65392.46 \text{（元）}$$

②期初付年金。假设在每个付款期的期初付款 $\frac{1}{m}$ 元，流程如图 2.10 所示。

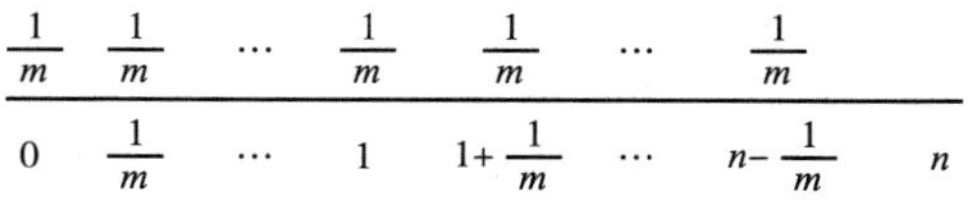

$$\begin{array}{cccccccc} \dfrac{1}{m} & \dfrac{1}{m} & \cdots & \dfrac{1}{m} & \dfrac{1}{m} & \cdots & \dfrac{1}{m} \\ \hline 0 & \dfrac{1}{m} & \cdots & 1 & 1+\dfrac{1}{m} & \cdots & n-\dfrac{1}{m} & n \end{array}$$

图 2.10　计息期大于付款期的期初付年金时间图

记年金的现值为 $\ddot{a}_{\overline{n}|i}^{(m)}$，则：

$$
\begin{aligned}
\ddot{a}_{\overline{n}|i}^{(m)} &= \frac{1}{m}\left[\, 1 + v^{\frac{1}{m}} + v^{\frac{2}{m}} + \cdots + v^{\frac{n-1}{m}} \,\right] \\
&= \frac{1}{m} \times \frac{1 - v^n}{1 - v^{\frac{1}{m}}} \\
&= \frac{1 - v^n}{m\left[\, 1 - (1 - d)^{\frac{1}{m}} \,\right]} \\
&= \frac{1 - v^n}{d^{(m)}}
\end{aligned}
\tag{2.35}
$$

记年金的终值为 $\ddot{s}_{\overline{n}|i}^{(m)}$，则：

$$
\ddot{s}_{\overline{n}|i}^{(m)} = \ddot{a}_{\overline{n}|i}^{(m)}(1+i)^n = \frac{1-v^n}{d^{(m)}}(1+i)^n = \frac{(1+i)^n - 1}{d^{(m)}}
\tag{2.36}
$$

【例 2-28】 某人购房贷款 80000 元，每月初还款一次，分 10 年还清，每次还款额相等，贷款年实际利率为 10.98%，计算每次的还款额。

解： 已知年实际利率为 10.98%，每年领取 12 次，所以所有的付款形成了一个付款期小于计息期的期初付年金。

设每月初可以领取 X 元，则：

$$
12X\ddot{a}_{10|i}^{(12)} = 80000
$$

$$
X = 1068.52 \text{（元）}
$$

③关系式。

$$
\ddot{a}_{\overline{n}|i}^{(m)} = \frac{1 - v^n}{d^{(m)}} = \frac{d}{d^{(m)}}\frac{1 - v^n}{d} = \frac{d}{d^{(m)}}\ddot{a}_{\overline{n}|i}
$$

$$
\ddot{s}_{\overline{n}|i}^{(m)} = \frac{(1+i)^n - 1}{d^{(m)}} = \frac{d}{d^{(m)}}\frac{(1+i) - 1}{d} = \frac{d}{d^{(m)}}\ddot{s}_{\overline{n}|i}
$$

$$
\ddot{a}_{\overline{n}|i}^{(m)} = \frac{1 - v^n}{d^{(m)}} = \frac{i}{d^{(m)}}\frac{1 - v^n}{i} = \frac{i}{d^{(m)}}a_{\overline{n}|i}
$$

$$
\ddot{s}_{\overline{n}|i}^{(m)} = \frac{(1+i)^n - 1}{d^{(m)}} = \frac{i}{d^{(m)}}\frac{(1+i)^n - 1}{i} = \frac{i}{d^{(m)}}s_{\overline{n}|i}
$$

$$
\ddot{a}_{\overline{n}|i}^{(m)} = (1+i)^{\frac{1}{m}}a_{\overline{n}|i}^{(m)} = \left(1 + \frac{i^{(m)}}{m}\right)\frac{i}{i^{(m)}}a_{\overline{n}|i} = \left(\frac{i}{i^{(m)}} + \frac{i}{m}\right)a_{\overline{n}|i}
$$

$$
\ddot{S}_{\overline{n}|i}^{(m)} = (1+i)^{\frac{1}{m}}S_{\overline{n}|i}^{(m)} = \left(1 + \frac{i^{(m)}}{m}\right)\frac{i}{i^{(m)}}S_{\overline{n}|i} = \left(\frac{i}{i^{(m)}} + \frac{i}{m}\right)S_{\overline{n}|i}
$$

$$\frac{1}{\ddot{a}_{\overline{n}|i}^{(m)}} = \frac{1}{\ddot{s}_{\overline{n}|i}^{(m)}} + d^{(m)}$$

$$\frac{1}{a_{\overline{n}|i}^{(m)}} = \frac{1}{s_{\overline{n}|i}^{(m)}} + i^{(m)}$$

④永续年金的现值。

计息期大于付款期的期末付永续年金的现值为：

$$a_{\overline{\infty}|}^{(m)} = \frac{1}{i^{(m)}} \qquad\qquad (2.37)$$

计息期大于付款期的期初付永续年金的现值为：

$$\ddot{a}_{\overline{\infty}|}^{(m)} = \frac{1}{d^{(m)}} \qquad\qquad (2.38)$$

【例 2 – 29】求在年实际利率为何值时，每月月初付款 100 元的永续年金的现值为 20000。

解：方法一：

$$100\left[1 + v^{\frac{1}{12}} + v^{\frac{2}{12}} + \cdots\right] = 20000$$

$$\frac{1}{1 - v^{\frac{1}{12}}} = 200$$

$$v^{\frac{1}{12}} = 0.995$$

$$(1 + i)^{\frac{1}{12}} = 1.005025126$$

$$i = 0.0620$$

方法二：此现金流形成了一个计息期大于付款期的期初付永续年金，则有：

$$mR\ddot{a}_{\overline{\infty}|i}^{(m)} = 20000$$

$$100 \times 12 \times \frac{1}{d^{(12)}} = 20000$$

$$d^{(12)} = 0.06$$

从而 $i = \left[1 - \frac{d^{(12)}}{12}\right]^{-12} - 1 = 0.0620$

【例 2 – 30】某人用 10000 元购买了一份延期的永续年金，年金每 6 个月初支付一次，每次支付 500 元，用年实际贴现率 d 表示延期的长度。

解：设延期的长度是 n，则：

$$500 \times 2 \times \ddot{a}_{\overline{\infty}|}^{(2)} \times v^n = 10000$$

$$\frac{v^n}{d^{(2)}} = 10$$

$$\frac{(1 - d)^n}{2\left[1 - (1 - d)^{\frac{1}{2}}\right]} = 10$$

$$n = \frac{\ln\{20[1 - (1 - d)^{\frac{1}{2}}]\}}{\ln(1 - d)}$$

2.3.3 连续年金

在计息期大于付款期的年金中，假设每次的付款金额为$\frac{1}{m}$，每个计息期上付款 m 次，付款总额为 1。如果每个计息期上付款次数 $m \to \infty$，付款总额保持为 1，此年金就变成了连续年金。

2.3.3.1 连续年金的定义

把每个计息期上付款总额为 1，而付款间隔充分小，付款频率充分快（相当于 $m \to \infty$）的年金称为连续年金。

连续年金在现实生活中不存在，却有很高的理论研究价值。在现实生活中一些支付频率很高的年金，如每日支付一次的年金，都可以用连续年金来近似。

2.3.3.2 n 期连续年金的定义

假设计息期为 n 期，每个计息期内的实际利率为 i，在每个计息期内连续不断地支付，支付总额为 1，这样的年金称为 n 期连续年金。

前面所讲的年金，根据付款时间的不同，可以分为期初付年金和期末付年金，但对于连续年金而言，由于付款间隔充分小，所以期末和期初融为一个点，直接求其现值和积累值即可。

用 $\bar{a}_{\overline{n}|}$ 表示 n 期连续年金的现值，则：

$$\bar{a}_{\overline{n}|} = \int_0^n v^t \mathrm{d}t = \frac{v^t}{\ln v}\bigg|_0^n = \frac{1 - v^n}{\delta} = \frac{1 - e^{-\delta n}}{\delta} \qquad (2.39)$$

n 期连续年金的现值可以看作是付款频率高于计息频率的年金的现值的极限，即：

$$\bar{a}_{\overline{n}|} = \lim_{n \to \infty} a_{\overline{n}|}^{(m)} = \lim_{n \to \infty} \frac{1 - v^n}{i^{(m)}} = \frac{1 - v^n}{\delta}$$

或者：

$$\bar{a}_{\overline{n}|} = \lim_{n \to \infty} \ddot{a}_{\overline{n}|}^{(m)} = \lim_{n \to \infty} \frac{1 - v^n}{d^{(m)}} = \frac{1 - v^n}{\delta}$$

其中，$\delta = \ln(1 + i)$。

用 $\bar{s}_{\overline{n}|}$ 表示 n 期连续年金的积累值，则：

$$\bar{s}_{\overline{n|}} = \int_0^n (1 + i)^{n-t} dt$$

$$= (1 + i)^n \int_0^n v^t dt = (1 + i)^n \bar{a}_{\overline{n|}} \qquad (2.40)$$

$$= \frac{(1 + i)^n - 1}{\delta}$$

连续支付的永续年金其现值记为 $\bar{a}_{\overline{\infty|}}$，则：

$$\bar{a}_{\overline{\infty|}} = \lim_{n \to \infty} \bar{a}_{\overline{n|}} = \lim_{n \to \infty} \frac{1 - v^n}{\delta} = \frac{1}{\delta} \qquad (2.41)$$

【例 2 – 31】假设年实际利率为 i，请在下列各种情况下计算每年支付 1 的 10 年期年金的现值。

（1）每年末支付一次。

（2）每季度末支付一次。

（3）每月末支付一次。

（4）每天支付一次。

（5）连续支付。

解：（1）$a_{\overline{10|}i}$。

（2）$a_{\overline{10|}i}^{(4)}$。

（3）$a_{\overline{10|}i}^{(12)}$。

（4）$a_{\overline{10|}i}^{(365)}$。

（5）$\bar{a}_{\overline{10|}}$。

【例 2 – 32】有两个连续还款模型 A、B，A 每期还款额为 2，还款期限为 20 年；B 每期还款额为 3，还款期限为 10 年，求使 A、B 模型等效的 δ。

解： 根据题意：

$$2 \times \frac{1 - e^{-20\delta}}{\delta} = 3 \times \frac{1 - e^{-10\delta}}{\delta}$$

$$1 - 3e^{-10\delta} + 2e^{-20\delta} = 0$$

$$(e^{-10\delta} - 1)(2e^{-20\delta} - 1) = 0$$

而由 $e^{-10\delta} - 1 = 0$，得 $\delta = 0$，显然不是本题的解。

由 $2e^{-20\delta} - 1 = 0$，可得 $\delta = 6.93\%$。

因此，$\delta = 6.93\%$ 时，A、B 模型等效。

【例 2 – 33】假设年实际贴现率为 10%，在第 6 年末和第 8 年末之间，投资者每年连续支付 1000 元，请计算该项支付在第 2 年末的现值以及在第 10 年末的积累值。

解： 现值为：

$$1000\,\overline{a}_{\overline{2}|}v^4 = 1000 \times \frac{1-v^2}{\delta} \times v^4 = \frac{1000(v^4 - v^6)}{-\ln(1-10\%)} = 1183.17$$

积累值为：

$$1000\,\overline{S}_{\overline{2}|} \times (1+i)^2 = 1000 \times \frac{(1+i)^2-1}{\delta} \times (1+i)^2 = \frac{1000(0.9^{-4}-0.9^{-2})}{-\ln(1-10\%)} = 2748.56$$

【例 2-34】假设年实际利率为 5%，计算每年连续支付 1000 元的永续年金的现值。

解：现值为：

$$1000\,\overline{a}_{\overline{\infty}|} = \frac{1000}{\delta} = \frac{1000}{\ln(1+5\%)} = 20495.93$$

2.3.4　变额年金

付款额随时间变化，但是付款期等于计息期，每隔相同的时间间隔付一次款，每个计息期上的利率相同，这样的年金称为变额年金。变额年金若每次的付款额没有任何规律性，则只能用贴现或者积累求和的方式求现值或者积累值，下面介绍若变额年金的每次付款额成等比数列或者等差数列形式变化，如何求年金的现值和积累值。

2.3.4.1　各次付款额成等差数列关系

（1）一般情况。假设首期付款额为 P 元，从第二期开始，每期的付款比前一期增加 Q 元，共付款 n 次，付款期等于计息期，且每个计息期的利率均为 i，付款方式是期末。相应流程如图 2.11 所示。

P	$P+Q$	$P+2Q$	$\cdots$	$P+(n-2)Q$	$P+(n-1)Q$
0	1	2	3	$\cdots$	$n-1$	n

图 2.11　各次付款额成等差数列关系的年金的时间图

该年金的现值为：

$$V(0) = Pv + (P+Q)v^2 + (P+2Q)v^3 + \cdots + [P+(n-1)Q]v^n$$

上式两端同乘以 $1+i$，得：

$$(1+i)V(0) = P + (P+Q)v + (P+2Q)v^2 + \cdots + [P+(n-1)Q]v^{n-1}$$

两式相减，得：

$$\begin{aligned} iV(0) &= P + Qv + Qv^2 + \cdots + Qv^{n-1} - Pv^n - (n-1)Qv^n \\ &= P(1-v^n) + Q(v+v^2+\cdots+v^n) - nQv^n \\ &= P(1-v^n) + Q(a_{\overline{n}|} - nv^n) \end{aligned}$$

$$V(0) = P \times \frac{(1 - v^n)}{i} + Q \times \frac{(a_{\overline{n}|} - nv^n)}{i} = Pa_{\overline{n}|} + Q \times \frac{(a_{\overline{n}|} - nv^n)}{i} \quad (2.42)$$

该年金的积累值为：

$$V(n) = V(0)(1 + i)^n = \left[Pa_{\overline{n}|} + Q \times \frac{(a_{\overline{n}|} - nv^n)}{i} \right](1 + i)^n$$

$$= Ps_{\overline{n}|} + Q \frac{s_{\overline{n}|} - n}{i} \quad (2.43)$$

【例 2 - 35】 一项 20 年期的递增年金，在第 1 年末支付 650 元，在第 2 年末支付 700 元，在第 3 年末支付 750 元，以此类推，最后一次支付发生在第 20 年末，假设年实际利率为 6%，求此项年金的现值。

解： 所有的付款形成一个成等差数列形式变化的期末付年金，且 $P = 650$，$Q = 50$，$n = 20$，所以其现值为：

$$650a_{\overline{20}|} + 50 \times \frac{(a_{\overline{20}|} - 20v^{20})}{i}$$

$$= 650 \times 11.4699 + 50 \times \frac{(11.4699 - 6.2361)}{0.06}$$

$$= 11816.935 （元）$$

【例 2 - 36】 一项递增年金，第 1 年末支付 300 元，第 2 年末支付 320 元，第 3 年末支付 340 元，以此类推，直到最后一次支付 600 元，假设年实际利率为 5%，计算此项年金在最后一次支付时刻的终值。

解： 所有付款形成一个成等差数列形式变化的期末付年金，且 $P = 300$，$Q = 20$，$n = 16$，所以其积累值为：

$$300S_{\overline{16}|} + 20 \times \frac{(S_{\overline{16}|} - 16)}{i}$$

$$= 300 \times 23.6575 + 20 \times \frac{(23.6575 - 16)}{0.05}$$

$$= 10160.25 （元）$$

【例 2 - 37】 推导首期付款额为 P，以后每期付款额比前一期增加 Q 的期末付永续年金的现值公式。

解： 根据期末付成等差数列形式变化的定期年金的现值公式 $V(0) = Pa_{\overline{n}|} + Q \times \frac{a_{\overline{n}|} - nv^n}{i}$，令 $n \to \infty$ 得：

$$\lim_{n \to \infty} \left(Pa_{\overline{n}|} + Q \times \frac{a_{\overline{n}|} - nv^n}{i} \right) = P\frac{1}{i} + \frac{Q}{i} \times \frac{1}{i} = \frac{P}{i} + \frac{Q}{i^2}$$

【例 2 - 38】 某期末付永续年金的付款额依次为 1，3，5，7，…，若第六次、第七次付款额的现值相等，计算该永续年金的现值。

解： 根据题意得：

$$11v^6 = 13v^7$$

$$v = \frac{11}{13},\ i = \frac{2}{11}$$

$$V(0) = \frac{p}{i} + \frac{Q}{i^2} = 66$$

（2）标准递增年金。在一般情况中取 $P = Q = 1$，流程如图 2.12 所示。

	1	2	3	⋯	n-1	n
0	1	2	3	⋯	n-1	n

图 2.12　期末付标准递增年金的时间图

其现值用 $(Ia)_{\overline{n}|}$ 表示，即：

$$(Ia)_{\overline{n}|} = a_{\overline{n}|} + \frac{a_{\overline{n}|} - nv^n}{i} = \frac{(1+i)a_{\overline{n}|} - nv^n}{i} = \frac{\ddot{a}_{\overline{n}|} - nv^n}{i} \tag{2.44}$$

标准递增年金的终值用 $(Is)_{\overline{n}|}$ 表示，即：

$$
\begin{aligned}
(Is)_{\overline{n}|} &= (Ia)_{\overline{n}|}(1+i)^n \\
&= \frac{\ddot{a}_{\overline{n}|} - nv^n}{i}(1+i)^n \\
&= \frac{\ddot{s}_{\overline{n}|} - n}{i} = \frac{s_{\overline{n+1}|} - 1 - n}{i} \\
&= \frac{s_{\overline{n+1}|} - (n+1)}{i}
\end{aligned}
\tag{2.45}
$$

注：期末付标准递增年金可以理解为一组标准型年金的组合。

如图 2.13 所示，由上述流程可知，递增年金的现值为：

$$
\begin{aligned}
(Ia)_{\overline{n}|} &= a_{\overline{n}|} + va_{\overline{n-1}|} + v^2 a_{\overline{n-2}|} + \cdots + v^{n-1} a_{\overline{1}|} \\
&= \sum_{t=0}^{n-1} v^t a_{\overline{n-t}|} \\
&= \sum_{t=0}^{n-1} v^t \frac{1 - v^{n-t}}{i} = \frac{\ddot{a}_{\overline{n}|} - nv^n}{i}
\end{aligned}
$$

时刻：	0	1	2	3	⋯	n-1	n
递增年金：		1	2	3	⋯	n-1	n
标准型年金							
t=0：		1	1	1	⋯	1	1
t=1：			1	1	⋯	1	1
t=2：				1	⋯	1	1
					⋯		
t=n-1：							1

图 2.13　期末付标准递增年金的转换图

【例 2 - 39】 某期末付永续年金中，各次付款额为 1，2，3，…，利率为 6.5%，计算该年金的现值。

解： 该年金的现值为：

$$\frac{P}{i} + \frac{Q}{i^2} = \frac{1}{i} + \frac{1}{i^2} = 252.07$$

【例 2 - 40】 某年金首期的付款额为 2，以后每期的付款比前一期增加 2，共付款 10 次。假设付款方式是期末付款，且付款期等于计息期，每期的实际利率为 2%，则该年金的现值为？

解： 该年金的现值为：

$$2 \times (Ia)_{\overline{10|}} = 2 \times \frac{\ddot{a}_{\overline{10|}} - 10v^{10}}{2\%} = 95.8754$$

（3）标准递减年金。在一般情况中取 $P = n$，$Q = -1$，流程如图 2.14 所示。

$$
\begin{array}{c|ccccccc}
 & n & n-1 & n-2 & \cdots & 2 & 1 \\
\hline
0 & 1 & 2 & 3 & \cdots & n-1 & n
\end{array}
$$

图 2.14　期末付标准递减年金的时间图

其现值用 $(Da)_{\overline{n|}}$ 表示：

$$
\begin{aligned}
(Da)_{\overline{n|}} &= Pa_{\overline{n|}} + Q\frac{a_{\overline{n|}} - nv^n}{i} \\
&= na_{\overline{n|}} - \frac{a_{\overline{n|}} - nv^n}{i} \\
&= \frac{n - nv^n}{i} - \frac{a_{\overline{n|}} - nv^n}{i} \\
&= \frac{n - a_{\overline{n|}}}{i}
\end{aligned}
\tag{2.46}
$$

其终值用 $(Ds)_{\overline{n|}}$ 表示：

$$(Ds)_{\overline{n|}} = (1 + i)^n (Da)_{\overline{n|}} = \frac{n(1 + i)^n - s_{\overline{n|}}}{i} \tag{2.47}$$

注：可以将递减年金理解为一组标准型年金的组合，其流程如图 2.15 所示。

时刻：	0	1	2	3	$\cdots$	$n-1$	n
递增年金		n	$n-1$	$n-2$	$\cdots$	2	1
标准型年金							
$t=0$：		1	1	1	$\cdots$	1	1
$t=1$：		1	1	1	$\cdots$	1	
					$\cdots$		
$t=n-1$：		1					

图 2.15　期末付标准递减年金的转换图

则有：

$$(Da)_{\overline{n}|} = \sum_{t=1}^{n} a_{\overline{t}|}$$

注：以上所有结论都可以推广到期初付年金的情形，只是所有表达式分母中的 i 都要换成 d。

【例 2 - 41】期末付虹式年金，一项年金在第 1 年末支付 1 元，以后每年末的支付额增加 1 元，直到第 n 年末；从第 $n+1$ 年末开始，每年的支付额递减 1 元，直到最后一年付款 1 元，求此年金的现值。流程如图 2.16 所示。

1	2	3	⋯	n	n-1	n-2	⋯	2	1
0	1	2	3	⋯	n	n+1	n+2	⋯	2n-2	2n-1

图 2.16　期末付虹式年金

解：期末付虹式年金的现值为：

$$(Ia)_{\overline{n}|} + v^n (Da)_{\overline{n-1}|}$$

$$= \frac{\ddot{a}_{\overline{n}|} - nv^n}{i} + v^n \frac{(n-1) - a_{\overline{n-1}|}}{i}$$

$$= \frac{a_{\overline{n-1}|} + 1 - nv^n + nv^n - v^n - v^n a_{\overline{n-1}|}}{i}$$

$$= a_{\overline{n}|} \ddot{a}_{\overline{n}|}$$

【例 2 - 42】期末付平顶虹式年金，一项年金在第 1 年末支付 1 元，以后每年末的支付额增加 1 元，直到第 n 年末；第 $n+1$ 年末与第 n 年末的付款额相等，随后，每年的支付额递减 1 元，直到最后一年付款 1 元，求此年金的现值。流程如图 2.17 所示。

1	2	3	⋯	n	n	n-1	⋯	2	1
0	1	2	3	⋯	n	n+1	n+2	⋯	2n-1	2n

图 2.17　期末付平顶虹式年金

解：此年金的现值为：

$$(Ia)_{\overline{n}|} + v^n (Da)_{\overline{n}|}$$

$$= \frac{\ddot{a}_{\overline{n}|} - nv^n}{i} + v^n \frac{n - a_{\overline{n}|}}{i}$$

$$= \frac{\ddot{a}_{\overline{n}|} - v^n a_{\overline{n}|}}{i}$$

【例 2 - 43】从首次付款 1 开始，以后每次增加 1，只增加到第 m 次付款，然后保持付款额不变的 n 年期期末付年金，求此年金的现值。

解： 此年金的现值为：

$$(Ia)_{\overline{m}|} + mv^m a_{\overline{n-m}|}$$

$$= \frac{\ddot{a}_{\overline{m}|} - mv^m}{i} + mv^m \frac{1 - v^{n-m}}{i}$$

$$= \frac{\ddot{a}_{\overline{m}|} - mv^n}{i}$$

2.3.4.2 各次付款额成等比数列关系

以 n 期期末付年金为例：假设首期付款额为 1 元，以后每次的付款比前一次增加 k 倍，总共付款 n 次，流程如图 2.18 所示。

	1	1+k	$(1+k)^2$	$\cdots$	$(1+k)^{n-2}$	$(1+k)^{n-1}$
0	1	2	3	$\cdots$	n-1	n

图 2.18　期末付各次付款额成等比数列关系的年金

则年金的现值为：

$$V(0) = v + (1+k)v^2 + \cdots + (1+k)^{n-1}v^n$$

$$= v\left[1 + \frac{1+k}{1+i} + \left(\frac{1+k}{1+i}\right)^2 + \cdots + \left(\frac{1+k}{1+i}\right)^{n-1}\right]$$

当 $i = k$ 时，利率与年金增长比例相同，相当于每次付款的现值相同，均为 v，n 次付款的现值之和为 nv。

当 $i \neq k$ 时，

$$V(0) = v + (1+k)v^2 + \cdots + (1+k)^{n-1}v^n$$

$$= v\left[1 + \frac{1+k}{1+i} + \left(\frac{1+k}{1+i}\right)^2 + \cdots + \left(\frac{1+k}{1+i}\right)^{n-1}\right]$$

$$= v\left(\frac{1 - \left(\frac{1+k}{1+i}\right)^n}{1 - \frac{1+k}{1+i}}\right) = \frac{1 - \left(\frac{1+k}{1+i}\right)^n}{i - k} \tag{2.48}$$

注：当 $n \to \infty$ 时，上述年金变为永续年金。

若 $\frac{1+k}{1+i} < 1$，该永续年金的现值存在，为 $\frac{1}{i-k}$；若 $\frac{1+k}{1+i} > 1$，该永续年金的现值不存在。

当 $k = i$ 时，该永续年金的现值也不存在。

【例 2-44】 我国城镇职工基本养老保险采用社会统筹 + 个人账户的方式，个人账户以个人缴费工资的 8% 计入，如果某职工从 20 岁时开始参加个人账户基金，每周岁末支付，且此职工 20 ~ 21 岁时的年工资为 60000 元，工资的年增长率为 2%，个人账户的积累利率为 4%，计算他在 60 岁退休时个人账户的积累值。

解： $i = 4\%$，$k = 2\%$，$n = 40$，所以积累值为：

$$60000 \times 8\% \times \frac{1 - \left(\frac{1+k}{1+i}\right)^{40}}{i - k} (1 + i)^{40}$$

$$= 4800 \times \frac{1 - \left(\frac{1+2\%}{1+4\%}\right)^{40}}{4\% - 2\%} (1 + 4\%)^{40}$$

$$= 622315.4314 \text{（元）}$$

【例 2 - 45】 某期末付永续年金首期付款额为 5000 元，以后每期付款额是前一期付款额的 1.05 倍。当利率分别为 0.04，0.05，0.08 时，计算该永续年金的现值。

解： $1.05 = 1 + k$，$k = 0.05$，当 $i = 0.04$ 时，有 $i < k$，永续年金的现值不存在；当 $i = 0.05$ 时，有 $i = k$，永续年金的现值不存在；当 $i = 0.08$ 时，该永续年金的现值为：

$$V(0) = \lim_{n \to \infty} R \times \frac{1 - \left(\frac{1+k}{1+i}\right)^{n}}{i - k}$$

$$= \lim_{n \to \infty} 5000 \times \frac{1 - \left(\frac{1+0.05}{1+0.08}\right)^{n}}{0.08 - 0.05}$$

$$= \frac{5000}{0.03}$$

$$= 166666.67 \text{（元）}$$

前面以期末为例给出了若各次的付款额成等比形式变化，其现值和积累值的求法，那么如何计算成等比形式变化的期初付年金的现值和积累值呢？第一，可以按照前面的推导过程和方式自行推导成等比形式变化的期初付年金的现值和积累值的表达式；第二，可以将成等比形式变化的期初付年金通过相对 0 时刻点的变动化为成等比形式变化的期末付年金再去求现值和积累值。

【例 2 - 46】 某年金在第一年初支付 200 元，以后每年增长 10%，共支付 20 年。假设年实际利率为 5%，计算此年金的现值。

解： 以 -1 时刻为相对 0 时刻点，则所有的付款形成了一个呈等比形式变化的期末付年金，且 $i = 5\%$，$k = 10\%$，$n = 20$，那么所有的付款在 -1 时刻的现值为：

$$200 \times \frac{1 - \left(\frac{1 + k}{1 + i}\right)^{20}}{i - k}$$

$$= 200 \times \frac{1 - \left(\frac{1 + 10\%}{1 + 5\%}\right)^{20}}{5\% - 10\%}$$

$$= 6142.0959$$

此年金的现值为：$6142.0959 \times (1 + i) = 6449.2007$（元）。

2.4　更一般变化年金

更一般变化年金假设付款频率和计息频率不同（付款期和计息期不同），每次的付款额随时间而变化，但每隔相同的时间间隔付一次款，每个计息期上的利率不变。付款频率和计息频率不同无外乎有两种情况：一种是付款频率大于计息频率，另一种是付款频率小于计息频率。接下来我们分析如何计算这两种情况下每次的付款额不同的年金。

2.4.1　付款频率小于计息频率（付款期大于计息期）

假设一个付款期包含 k 个计息期，n 为总的计息次数，则总的付款次数 $m = n/k$。假设 i 为每个计息期内的实际利率。

2.4.1.1　递增年金

假设期末付款，首次付款额为 1 元，以后每次的付款比前一期增加 1 元，共付款 m 次。流程如图 2.19 所示。

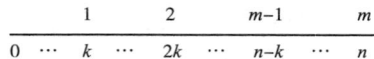

	1	2	$m-1$	m
0 ⋯	k ⋯	$2k$ ⋯	$n-k$ ⋯	n

图 2.19　期末付更一般变化的递增年金

年金的现值记为 $V(0)$，则：

$$V(0) = v^k + 2v^{2k} + \cdots + (m - 1)v^{n-k} + mv^n$$

$$(1 + i)^k V(0) = 1 + 2v^k + 3v^{2k} + \cdots + mv^{n-k}$$

两式相减得：

$$V(0)\left[(1 + i)^k - 1\right] = 1 + v^k + v^{2k} + \cdots + v^{n-k} - mv^n$$

化简可得：

$$V(0) = \frac{\frac{1 - v^n}{1 - v^k} - mv^n}{(1 + i)^k - 1}$$

$$= \frac{\left[\frac{a_{\overline{n}|}}{a_{\overline{k}|}} - \frac{n}{k}v^n \right]}{is_{\overline{k}|}} \tag{2.49}$$

注：当 $k = 1$ 时，上式退化为标准递增年金。

2.4.1.2　递减年金

假设期末付款，首次付款额为 m 元，以后每次的付款比前一期减少 1 元，共付款 m 次。流程如图 2.20 所示。

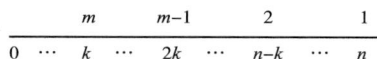

图 2.20　期末付更一般变化的递减年金

年金的现值记为 $V(0)$，则：

$$V(0) = mv^k + (m - 1)v^{2k} + \cdots + 2v^{n-k} + v^n$$

$$(1 + i)^k V(0) = m + (m - 1)v^k + (m - 2)v^{2k} + \cdots + v^{n-k}$$

两式相减得：

$$V(0)\left[(1 + i)^k - 1 \right] = m - (v^k + v^{2k} + \cdots + v^{n-k} + v^n)$$

化简可得：

$$\left[(1 + i)^k - 1 \right]V(0) = m - \frac{v^k - v^{n+k}}{1 - v^k}$$

$$\left[(1 + i)^k - 1 \right]V(0) = \frac{n}{k} - \frac{1 - v^n}{(1 + i)^k - 1}$$

$$\left[(1 + i)^k - 1 \right]V(0) = \frac{n}{k} - \frac{a_{\overline{n}|}}{s_{\overline{k}|}} \tag{2.50}$$

$$V(0) = \frac{\frac{n}{k} - \frac{a_{\overline{n}|}}{s_{\overline{k}|}}}{is_{\overline{k}|}}$$

【例 2 - 47】某永续年金每 2 年末付款一次，且每次付款额增加 1 单位，首次付款额为 1 单位，年实际利率为 6%，计算该永续年金的现值。

解：方法一：贴现求和。

$$V(0) = v^2 + 2v^4 + 3v^6 + \cdots$$

$$v^2 V(0) = v^4 + 2v^6 + 3v^8 + \cdots$$

则有：

$$(1 - v^2)V(0) = v^2 + v^4 + v^6 + \cdots$$

$$= \frac{v^2}{1 - v^2}$$

$$V(0) = \frac{v^2}{(1 - v^2)^2} = 73.55$$

方法二：利用定期年金和永续年金的关系。

$$V(0) = \lim_{n \to \infty} \frac{\left[\dfrac{a_{\overline{n}|}}{a_{\overline{k}|}} - \dfrac{n}{k}v^n\right]}{is_{\overline{k}|}} = \frac{\dfrac{1}{ia_{\overline{k}|}}}{is_{\overline{k}|}} = \frac{v^2}{(1 - v^2)^2} = 73.55$$

2.4.2 付款频率大于计息频率（付款期小于计息期）

考虑以下两种年金付款方式。

情形 1：付款额的变化与计息期同步。

标准情形为：假设每个计息期付款 m 次，总共计息 n 次，总的付款次数是 mn 次。假设 i 为每个计息期上的实际利率，且每个计息期上的 m 次付款额保持不变。假设在第一个计息期内的 m 次付款均为 $\frac{1}{m}$；第二个计息期内的 m 次付款均为 $\frac{2}{m}$；随后以此类推，最后一个计息期内的 m 次付款均为 $\frac{n}{m}$。流程如图 2.21 所示。

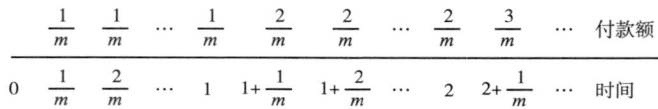

$\frac{1}{m}$	$\frac{1}{m}$	$\cdots$	$\frac{1}{m}$	$\frac{2}{m}$	$\frac{2}{m}$	$\cdots$	$\frac{2}{m}$	$\frac{3}{m}$	$\cdots$	付款额
0	$\frac{1}{m}$	$\frac{2}{m}$	$\cdots$	1	$1+\frac{1}{m}$	$1+\frac{2}{m}$	$\cdots$	2	$2+\frac{1}{m}$	$\cdots$ 时间

图 2.21 期末付款额的变化与计息期同步的更一般型年金

用 $(Ia)_{\overline{n}|}^{(m)}$ 表示此年金的现值，则：

$$(Ia)_{\overline{n}|}^{(m)} = \frac{1}{m}\left[v^{\frac{1}{m}} + v^{\frac{2}{m}} + \cdots + v\right] + \frac{2}{m}\left[v^{1+\frac{1}{m}} + v^{1+\frac{2}{m}} + \cdots + v^2\right] + \cdots$$

$$+ \frac{n}{m}\left[v^{n-1+\frac{1}{m}} + v^{n-1+\frac{2}{m}} + \cdots + v^n\right]$$

$$= \frac{1}{m}\left[v^{\frac{1}{m}} + v^{\frac{2}{m}} + \cdots + v\right]\left[1 + 2v + \cdots + nv^{n-1}\right]$$

$$= \frac{1}{m} \times \frac{v^{\frac{1}{m}} - v^{1+\frac{1}{m}}}{1 - v^{\frac{1}{m}}} \times \frac{\ddot{a}_{\overline{n}|} - nv^n}{d}$$

$$= \frac{1 - v}{m[(1+i)^{\frac{1}{m}} - 1]} \times \frac{\ddot{a}_{\overline{n}|} - nv^n}{d}$$

$$= \frac{\ddot{a}_{\overline{n}|} - nv^n}{i^{(m)}} \tag{2.51}$$

此外，此年金等价于一个 n 期标准型年金：

第一个计息期内的 m 次付款在 1 时刻的积累值为：

$$\frac{1}{m}[(1+i)^{1-\frac{1}{m}} + (1+i)^{1-\frac{2}{m}} + \cdots + 1] = \frac{1 - (1+i)}{m[1 - (1+i)^{\frac{1}{m}}]} = \frac{i}{i^{(m)}}$$

第二个计息期内的 m 次付款在 2 时刻的积累值为：

$$\frac{2}{m}[(1+i)^{1-\frac{1}{m}} + (1+i)^{1-\frac{2}{m}} + \cdots + 1] = 2\frac{1 - (1+i)}{m[1 - (1+i)^{\frac{1}{m}}]} = 2\frac{i}{i^{(m)}}$$

依此类推，第 n 个计息期内的 m 次付款在 n 时刻的积累值为：

$$\frac{n}{m}[(1+i)^{1-\frac{1}{m}} + (1+i)^{1-\frac{2}{m}} + \cdots + 1] = n\frac{1 - (1+i)}{m[1 - (1+i)^{\frac{1}{m}}]} = n\frac{i}{i^{(m)}}$$

则有：

$$(Ia)_{\overline{n}|}^{(m)} = \frac{i}{i^{(m)}}(Ia)_{\overline{n}|} = \frac{i}{i^{(m)}}\frac{\ddot{a}_{\overline{n}|} - nv^n}{i} = \frac{\ddot{a}_{\overline{n}|} - nv^n}{i^{(m)}}$$

$$(Is)_{\overline{n}|}^{(m)} = (Ia)_{\overline{n}|}^{(m)}(1+i)^n = \frac{\ddot{a}_{\overline{n}|} - nv^n}{i^{(m)}}(1+i)^n = \frac{\ddot{s}_{\overline{n}|} - n}{i^{(m)}}$$

注：一般地，$R(Ia)_{\overline{n}|}^{(m)}$ 表示下面这种年金的现值：第一个计息期内的 m 次付款额为 $R \times \frac{1}{m}$，第二个计息期内的 m 次付款额为 $R \times \frac{2}{m}$ … 第 n 个计息期内的 m 次付款额为 $R \times \frac{n}{m}$。

【例 2 - 48】 某三年期按月付款的年金方式为：第一年每月底付款 1000 元，第二年每月底付款 2000 元，第三年每月底付款 3000 元。已知年实际利率为 6%，计算该年金的现值。

解： $m = 12$，$n = 3$，$R = 1000m = 12000$，从而此年金的现值为：

$$12000(Ia)_{\overline{3}|}^{(12)} = 12000 \times \frac{\ddot{a}_{\overline{3}|} - 3v^3}{i^{(12)}} = 64618.7057（元）。$$

情形 2：付款额的变化与付款期同步。

标准情形为：假设每个计息期付款 m 次，总共计息 n 次，总的付款次数是 mn 次。假设 i 为每个计息期上的实际利率，首次付款额为 $\frac{1}{m^2}$，以后每次增加 $\frac{1}{m^2}$，…，第一个计息期内的最后一次付款额为 $\frac{1}{m}$；第二个计息期内的最后一次付款额为

$\dfrac{2}{m}$；最后一个（第 n 个）计息期内的最后一次付款额为 $\dfrac{n}{m}$。

该年金的现值用 $\left(I^{(m)}a\right)_{\overline{n}|}^{(m)}$ 表示，则：

$$\left(I^{(m)}a\right)_{\overline{n}|}^{(m)} = \frac{v^{\frac{1}{m}} + 2v^{\frac{2}{m}} + \cdots + nmv^n}{m^2} = \frac{\ddot{a}_{\overline{n}|}^{(m)} - nv^n}{i^{(m)}} \qquad (2.52)$$

$R\left(I^{(m)}a\right)_{\overline{n}|}^{(m)}$ 表示下面这种年金的现值：第一个计息期内的首次付款为 $R \times \dfrac{1}{m^2}$，

然后每次增加 $R \times \dfrac{1}{m^2}$，从而第一个计息期结束时的最后一次付款额为 $R \times \dfrac{1}{m}$，$\cdots$，

第 n 个计息期结束时的最后一次付款额为 $R \times \dfrac{n}{m}$。

【例 2 - 49】 某期末付年金每年付款 4 次，首次付款为 1000 元，以后每次付款较前一次付款增加 1000 元，共付款 5 年，年实际利率为 8%，计算该年金的现值。

解： 由题意知：$m = 4$，$n = 5$，首次付款 $1000 = R \times \dfrac{1}{m^2}$，$R = 1000m^2 = 16000$，则：

$$\begin{aligned}
V(0) &= R \times \left(I^{(m)}a\right)_{\overline{n}|}^{(m)} \\
&= R \times \frac{\ddot{a}_{\overline{n}|}^{(m)} - nv^n}{i^{(m)}} \\
&= 16000 \times \frac{\ddot{a}_{\overline{5}|}^{(4)} - 5v^5}{i^{(4)}} \\
&= 16000 \times \frac{\dfrac{1 - v^5}{d^{(4)}} - 5v^5}{i^{(4)}} \\
&= 162167.9 \ (\text{元})
\end{aligned}$$

【例 2 - 50】 某 3 年期按月付款方式的年金为：第 1 个月底为 100 元，第 2 个月底为 200 元，以此类推，每月增加 100 元，第 1 年底的付款额为 1200 元，第 2 年底的付款额为 2400 元，第 3 年底的最后一次付款额为 3600 元。计算该年金的现值。

解： $m = 12$，$n = 3$，首付为 100 元，则：

$$100 = R \times \frac{1}{m^2}$$

$$R = 100m^2 = 100 \times 144 = 14400$$

设年实际利率为 i，则年金现值为 $14400\left(I^{(12)}a\right)_{\overline{3}|i}^{(12)}$。

2.5　连续变化年金

连续变化年金是指每年连续支付，但付款额随时间而变化。连续变化年金是更一般变化年金的特例，即假设每个计息期上的付款次数趋于无穷大。设有 n 个计息期，每期利率为 i，在时刻 t 付款率为 t，这种年金的现值记为 $(\overline{Ia})_{\overline{n}|}$，则：

$$
\begin{aligned}
(\overline{Ia})_{\overline{n}|} &= \int_0^n tv^t\mathrm{d}t = \frac{tv^t}{\ln v}\bigg|_0^n - \int_0^n \frac{v^t}{\ln v}\mathrm{d}t \\
&= -\frac{nv^n}{\delta} - \frac{v^t}{\delta^2}\bigg|_0^n = -\frac{nv^n}{\delta} - \frac{v^n-1}{\delta^2} \qquad (2.53) \\
&= \frac{\overline{a}_{\overline{n}|} - nv^n}{\delta}
\end{aligned}
$$

或者：

$$
\begin{aligned}
(\overline{Ia})_{\overline{n}|} &= \lim_{m\to\infty}(I^{(m)}a)_{\overline{n}|}^{(m)} = \lim_{m\to\infty}\frac{\ddot{a}_{\overline{n}|}^{(m)} - nv^n}{i^{(m)}} \\
&= \frac{\overline{a}_{\overline{n}|} - nv^n}{\delta} \qquad (2.54)
\end{aligned}
$$

若每个计息期上的付款随时间的变化以函数 $f(t)$ 的形式给出，则可通过下式计算年金现值：

$$
V(0) = \int_0^n f(t)v^t\mathrm{d}t \qquad (2.55)
$$

【例 2 – 51】 一个连续支付的现金流，在时刻 t 的付款率 $f(t) = 3$，支付期从时刻 0 到时刻 5，利息力为 $\delta(t) = 0.05$，计算该现金流在 0 时刻的现值。

解：

$$
\begin{aligned}
V(0) &= \int_0^n f(t)v^t\mathrm{d}t \\
&= \int_0^5 3e^{-0.05t}\mathrm{d}t \\
&= -\frac{3}{0.05}e^{-0.05t}\bigg|_0^5 \\
&= 13.2720
\end{aligned}
$$

【例 2 – 52】 一个连续支付的现金流，在时刻 t 的付款率 $f(t) = 2t$，支付期从时刻 0 到时刻 5，利息力为 $\delta(t) = 0.05t$。计算该现金流在 0 时刻的现值。

解：

$$
V(0) = \int_0^n f(t)v^t\mathrm{d}t
$$

$$= \int_0^5 2te^{-\int_0^t 0.05sds}\,dt$$

$$= \int_0^5 2te^{-0.025t^2}\,dt$$

$$= -40e^{-0.025t^2}\,|_0^5$$

$$= 18.5895$$

习　题

1. 某银行客户想通过零存整取的方式在 1 年后获得 2000 元，在月复利为 1% 的情况下，每月末需存入多少元，才能达到其要求。

2. 某年金共付款 5 次，首次付款发生时刻 2，最后一次付款发生在时刻 6，计算该年金在 0 时刻的现值。

3. 甲为某学校设立总额为 100 万元的奖学基金，该基金以永续年金的方式每年末支付一次。假设该基金采用的年实际利率为 6%，则甲每年末的支付额为？

4. 某人在银行采取零存整取的方式存款，拟 4 年后一次性取出，每月末存入 3000 元，年实际利率为 8%，计算该储户到时可支取的存款本利和。

5. 假设投资者在 4 年内每年初向一基金存入 2000 元，若该基金每月计息一次，月实际利率为 1%，计算该项投资在第 5 年末的价值。

6. 假设一共计息 10 次，每个计息期上的实际利率为 5%，付款总额为 3，且连续不断的付款，计算该年金的现值。

7. 一项每年末支付一次的年金，支付额依次为 1000，1100，…，1900。已知年实际利率为 5%，计算该年金的现值。

8. 某年金首期的付款额为 10，以后每期的付款比前一期增加 10，共付款 20 次。假设付款方式是期末付款，且付款期等于计息期，每期的实际利率为 6%，计算该年金的现值。

9. 某期末付永续年金首次付款额为 1，第二次为 2，直到付款额增加到 n，然后保持不变，计算该永续年金的现值。

10. 一项年金在第 3 年末支付 1 元，第 6 年末支付 2 元，以此类推，共付款 n 次。已知年实际利率为 i，计算该年金的现值。

11. 某期末付永续年金首期付款额为 1，从第 2 年开始，每年的付款额比前一年增加 1；假设年实际利率为 2%，计算该永续年金的现值。

12. 某期末付永续年金首期的付款额为 100 元，以后每期的付款比前一期增加 6%，当实际利率为 8% 时，计算该永续年金的现值。

13. 某永续年金在第 5、第 6 年末支付 1 元，在第 7、第 8 年末支付 2 元，第 9、第 10 年末支付 3 元，以此类推；已知年实际利率为 i，计算该永续年金的现值。

14. 一项年金从现在开始每半年初支付一次，一共支付 10 年。首付 1000 元，以后每次付款为前一次的 95%，已知每年计息四次的年名义利率为 10%，计算该年金的现值。

15. 一个连续支付的现金流，在时刻 t 的付款率为 $f(t) = 3t$，支付期从时刻 0 到时刻 4，利息力为 $\delta(t) = 2t$，计算该现金流在 0 时刻的现值。

16. 某年金每 4 年末付款一次，共 40 年，已知 $a_{\overline{8}|i} = k$，计算该年金的现值。

第3章 收 益 率

本章将应用前面各章的相关理论，讨论投资收益分析的基本方法，包括净现值和收益率的基本概念及计算方法、收益率可能存在的几种情况及唯一性条件、基金的投资额加权收益率及其近似计算方法、基金的时间加权收益率及其计算方法、再投资与修正收益以及基金收益的分配方法。

3.1 净现值与收益率

3.1.1 净现值

在 t 时刻的资金流出额记为 $O_t(O_t \geq 0)$，资金流入额记为 $I_t(I_t \geq 0)$。t 时刻资金的净流入 R_t 为该时刻资金流入与资金流出之差，即 $R_t = I_t - O_t$。从投资方（或贷出方）的角度来看，t 时刻资金的净流入 R_t 可以理解为该时刻投资回收额减去投资支出资金，也就是该时刻的净收益。

（1）若 $R_t < 0$，则表明 t 时刻投资支出金额大于回收金额；

（2）若 $R_t > 0$，则表明 t 时刻投资回收金额大于支出金额；

（3）若 $R_t = 0$，则表明 t 时刻投资回收金额等于支出金额，或没有发生资金流动。

类似地，我们可以给出资金净流出的定义：t 时刻资金流出与资金流入之差称为 t 时刻资金的净流出，记为 $C_t = O_t - I_t$。资金的净流出是从项目方或借入方的角度来分析的，显然有：$C_t = -R_t$。例如，某项目在第 3 年年底收入 2000 元，但支出 3000 元，则该时刻的资金净流入为：$R_3 = 2000 - 3000 = -1000$，资金净流出为：$C_3 = 3000 - 2000 = 1000$。

【例 3-1】某 10 年期项目投资 1 万元，第 1 年项目维护费为 2000 元，以后每年以 10% 递减，第 2 年项目收益为 4000，以后每年以 10% 递增，求第 4 年的资金净流入。

解： $R_4 = I_4 - O_4 = 4000(1 + 0.1)^2 - 2000(1 - 0.1)^3 = 3382$。

净现值（net present value，NPV）是指各时刻资金净流入的现值之和。在利率为 i 的情况下，净现值的表达式为：

$$NPV(i) = \sum_{t=0}^{n} v^t R_t = \sum_{t=0}^{n} (1 + i)^{-t} R_t \qquad (3.1)$$

其中，v 为折现因子。净现值可能为正值，也可能为 0 或负值，具体要看实际的现金流和利率值。例如，某投资人进行一个投资项目，第 1 年初投资 3 万元，第 2 年初投资 2 万元，以后每年初投资 1 万元，总共投资 6 次；从第 2 年起开始收回投资及回报：第 2 年初收回 1 万元，第 3 年初收回 2 万元，以后每年初收回 3 万元，总共收回 5 次。具体资金流情况如表 3.1 所示。

表 3.1　　　　　　　　　**投资项目的资金流**　　　　　　　　单位：万元

时间（年）	资金流出 O_t	资金流入 I_t	资金净流入 R_t
0	3	0	−3
1	2	1	−1
2	1	2	1
3	1	3	2
4	1	3	2
5	1	3	2

那么，表 3.1 对应的投资的净现值可表示为：

$$NPV(i) = \sum_{t=0}^{5} v^t R_t = -3 - v + v^2 + 2 \sum_{t=3}^{5} v^t$$

3.1.2　收益率的定义

收益率是使得资金流入的现值与资金流出的现值相等的利率，即为使得净现值等于 0 的利率。在金融、保险实务中，收益率也称内部收益率（internal rate of return，IRR）。根据该定义，收益率满足以下等式：

$$\sum_{t=0}^{n} v^t R_t = \sum_{t=0}^{n} (1 + i)^{-t} R_t = 0 \qquad (3.2)$$

此外，由收益率的定义可知，$\sum_{t=0}^{n} v^t I_t = \sum_{t=0}^{n} v^t O_t$。下面构造一个简单的投资活动来理解收益率的概念。假设某投资者在期初投资 10 万元，2 年后积累值为 12.1 万元，显然，该项投资的收益率满足以下方程：

$$10(1 + i)^2 = 12.1 \qquad (3.3)$$

解得收益率 $i = 10\%$。也就是说，期初的 10 万元按照年收益率 10% 进行投资，2 年后可获得 12.1 万元。式（3.3）可变形为：

$$12.1(1 + i)^{-2} = 10$$

其中，等式的左边表示资金流入的现值，右边表示资金流出的现值。所以，此时求得的收益率 $i = 10\%$，即为使得资金流入现值与流出现值相等时的利率。式（3.3）还可变形为：

$$-10 + 12.1(1 + i)^{-2} = 0$$

其中，等式左边即为净现值。所以，此时求得的收益率 $i = 10\%$，也是使得净现值等于零时的利率。

由上述分析可知，收益率实际上是一种临界利率，它使得项目在开始时刻的价值收支平衡。也就是说，项目的最低收益率应该等于其筹集资金所支付的利率。项目收益率越高，表示该项目的投资价值越高。

若表 3.1 对应的投资活动的收益率记为 i，则 i 是下式的解：

$$v + 2v^2 + 3\sum_{t=3}^{5} v^t = 3 + 2v + \sum_{t=2}^{5} v^t$$

其中，$v = (1 + i)^{-1}$。等式的左边为资金流入的现值，右边为资金流出的现值。当然，也可直接由该项目的净现值写出项目收益率 i 所满足的方程，即：

$$-3 - v + v^2 + 2\sum_{t=3}^{5} v^t = 0$$

求解可得，该项目的收益率 $i = 0.1795$。

【例 3 - 2】 某投资者第 1 年初投资 7000 元，第 2 年初投资 1000 元，而在第 2、第 3 年初分别回收 5000 元和 5500 元，求该项目的收益率。

解： 由题意可知，该项目在各时刻的资金净流入为：

$$R_0 = -7000, \ R_1 = 4000, \ R_2 = 5500$$

该项目收益率 i 满足：

$$-7000 + 4000(1 + i)^{-1} + 5500(1 + i)^{-2} = 0$$

可得，收益率 $i = 0.22$。

此外，资金净流入 R_t 是从投资方（或贷出方）的角度进行分析的，资金净流入 C_t 是从项目方（或借入方）的角度进行分析的，有 $C_t = -R_t$，所以，以 R_t 和以 C_t 计算得出的收益率应该是相等的，即：

$$\sum_{t=0}^{n} v^t R_t = 0 = \sum_{t=0}^{n} v^t C_t$$

资金流情况决定了收益率的值，而不管收益率的计算是基于投资方（贷出方）还是项目方（借入方）。但是，收益率对双方的意义是不同的。对于投资方

（贷出方）来说，收益率越高越好，表明其投资回报高；对于项目方（借入方）来说，收益率越低越好，表明其为取得该资金的使用权而支付的费用较低。

3.1.3 收益率的特征

收益率可以为正值、负值、0。收益率取正值比较正常，符合人们的投资愿望；若收益率为 0，则表明该项投资没有任何回报；若收益率为负值，则表明该项投资发生了一定的损失，但是最大的损失额为全部的投资没有回收，因此，收益率的最小值为 -1。

若现金流呈规则年金形式，则可以采取年金求未知利率的方式来求收益率。此时，年金现值可以看作一次性投入，每期的年金给付相当于回收。在已知现值、给付次数、每次给付额度的情况下，可以采用年金求未知利率的方式求收益率。

对于不同的投资项目，只有在投资的初始时间和投资期限相同的情况下，比较收益率才有意义。如 2 年前甲投资的 3 年期项目收益率为 8%，现在乙投资的 3 年期项目收益率为 6%，并不能得出甲的收益率比乙高的结论，因为这两个项目的开始时间不同。又如，现在甲投资的项目为期 10 年，收益率为 15%；乙投资的项目为期 20 年，收益率为 12%。也不能得出甲的收益率比乙的收益率高的结论，因为并不知道甲在项目结束后的 10 年的资金收益率。因此，不同开始时间不同投资期限的投资收益率是无法比较的。

【例 3 - 3】 设甲投资项目为期 10 年，收益率为 15%，乙投资项目为期 20 年，收益率为 12%，那么，甲在项目结束后的 10 年资金收益率要达到多少，才能使得甲在 20 年的投资收益率大于乙的投资收益率？

解： 设甲在结束后的 10 年资金收益率为 i，则：

$$(1 + 0.15)^{10}(1 + i)^{10} = (1 + 0.12)^{10}$$

可得，$i = 9.078\%$。也就是说，甲在后 10 年的收益率至少要达到 9.078%，才能使得甲在 20 年的投资收益率大于乙的投资收益率。

3.1.4 收益率的唯一性条件

可以看出，收益率的计算式（3.2）是一个 n 次多项式方程，那么，可能存在多个解。可能出现的情况主要有以下几种。

3.1.4.1 收益率不唯一

【例 3 - 4】 某投资人在期货交易市场上先投入 10000 元买入 1 年期期货，

1 年后作为现货卖出且另外卖空一部分 1 年期期货，共 24500 元，又过 1 年，投入 15000 元买入现货支付到期期货。计算该投资人的投资收益率。

解： $R_0 = -10000$，$R_1 = 24500$，$R_2 = -15000$，由 $-10000 + 24500v - 15000v^2 = 0$，得：$v = \frac{4}{5}$ 或 $v = \frac{5}{6}$，进而可得收益率 $i = 0.25$ 或 $i = 0.2$。

3.1.4.2　收益率为负数

【例 3-5】如果某投资者在 2023 年 3 月 1 日开盘时以每股 4.47 元的股价购入中国石化股票 1000 股，过一个月后的 2023 年 3 月 31 日收盘时以 4.43 元每股的股价全部售出，计算该投资者在一个月内的收益率。

解： 由 $R_0 = -4470$，$R_1 = 4430$，$-4470 + 4430v = 0$，以及 $v = \frac{1}{1+i}$，可得该投资得收益率为 $i = -0.895\%$。

3.1.4.3　收益率为无穷

【例 3-6】甲向乙借入 1000 元，年利率为 10%，转手贷给丙，年利率为 15%，期限都为 1 年。计算甲的收益率。

解： 由 $R_0 = 0$，$R_1 = 1000(1+15\%) - 1000(1+10\%) = 50$，那么，$0 + 50v = 0$，可得收益率 $i \to \infty$。在不考虑乙的信用风险的情况下，这种行为属于套利行为。

3.1.4.4　收益率为复数

【例 3-7】某投资人的现金流为：$R_0 = -100$，$R_1 = 200$，$R_2 = -101$，那么其收益率 i 满足 $-100 + 200v - 101v^2 = 0$，可得 $100i^2 = -1$。此时，收益率为复数。

由此可见，随着资金流的不同，收益率可能会产生意想不到的结果。在实际生活中，一般情况下，一组资金流的收益率应该是唯一的。那么如何判定收益率是否唯一呢？下面我们给出具体的判别方法。

收益率唯一性判别准则：某一投资行为发生在 $0 \sim n$ 期间，若存在某一时刻 t，t 之前的资金流向一致，t 之后的资金流向一致，且这两个流向的方向相反，则该投资收益率是存在并且唯一的。

该判别方法所依据的是 Descarts 符号定理①，该定理表明，满足 $\sum_{t=0}^{n} v^t R_t = 0$ 的收益率的个数最多为资金净流入的正负号改变次数。若资金净流入的正负号改

---

① Descarts 符号定理：$f(x)$ 为 n 次多项式，即 $f(x) = a_n x^n + a_{n-1} x^{n-1} + \cdots + a_1 x + a_0$，则满足 $f(x) = 0$ 的正根个数最多为 a_n，a_{n-1}，$\cdots$，a_1，a_0。这些系数（0 除外）的正负号改变次数；满足 $f(x) = 0$ 的负根个数最多为 $f(-x)$ 中各系数正负号改变次数。

变一次，显然投资收益率是唯一的。例如，表 3.1 中的投资，$R_0 < 0$，$R_1 < 0$，$R_2 > 0$，$R_3 > 0$，$R_4 > 0$，$R_5 > 0$，净流入的正负号只改变了一次，因此，该投资的收益率是唯一的。

3.2　再投资收益率

前面的讨论我们通常默认每期产生的利息是按原始本金的利率自动进行再投资的，即默认再投资收益率与原投资利率相等。例如，银行存款产生的利息收入不支取仍存在银行，仍可按照给定的利率再获得收益，即利滚利，本金与利息的投资利率相同。然而，实际的情况可能并非如此，很多情况下前期产生的利息在后期进行再投资时所获得的利率不同于原始投资的利率。例如，每年付息的债券，所付的利息就不一定与原债券的票息率相同。有的债券规定，若债券产生的收益部分不按时取出，将以某一较低利率或根本就不计利息。我们考虑如下两种情形的再投资收益率问题。

3.2.1　一次性投资的再投资收益率分析

0 时刻投资 1 单位货币，投资期限为 n，本金年利率为 i。每年产生的利息按照利率 j 进行再投资，即利息的年利率为 j，流程如图 3.1 所示。

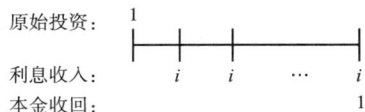

图3.1　一次性投资的再投资流程图

因为利息收入可以进行再投资，从而收入现金流等价于金额为 i 的 n 期期末付年金（再投资利率 j）与 n 期期末的 1 元之和，即投资结束时的积累值为：

$$1 + is_{\overline{n}|j} = 1 + i \times \frac{(1 + j)^n - 1}{j} \tag{3.4}$$

当再投资利率等于原始本金年利率时，即 $j = i$，则式（3.4）等于 $(1 + i)^n$，即为一般的终值计算公式，从而再投资下的最终收益率与直接投资相等。

当再投资利率大于原始本金年利率时，即 $j > i$，则有 $1 + is_{\overline{n}|j} > 1 + is_{\overline{n}|i} = (1 + i)^n$，从而再投资使得最终收益大于直接投资收益。

当再投资利率小于原始本金年利率时，即 $j < i$，则有 $1 + is_{\overline{n}|j} < 1 + is_{\overline{n}|i} = (1 +$

$i)^n$，从而再投资使得最终收益小于直接投资收益。

总结来说，当 $j=i$ 时，该投资的收益率为 i；否则，该投资的收益率介于 i 与 j 之间。

3.2.2 有分期投资的再投资收益率分析

以期末付标准型年金为例，各次付款产生的利息的再投资收益率均为 j，即从时刻 2 开始，每期都有由付款本金产生的利息，由于付款的本金之和随时间推移逐年增加，因而每期所产生的利息也就逐年增加，流程如图 3.2 所示。

原始投资:	1	1	1	⋯	1	1
时间:	0	1	2	3	⋯	$n-1$	n
利息收入:		i	$2i$	⋯	$(n-2)i$	$(n-1)i$
收回的本金						n

图 3.2 有分期投资的再投资流程图

那么，时刻 n 的累积本息之和为：

$$n + i(Is)_{\overline{n-1}|j} = n + i \times \frac{s_{\overline{n}|j} - n}{j} \qquad (3.5)$$

当 $j=i$ 时，则积累值等于 $s_{\overline{n}|i}$。

当 $j>i$ 时，则积累值 $n + i(Is)_{\overline{n-1}|j} > n + i(Is)_{\overline{n-1}|i} = s_{\overline{n}|i}$。

当 $j<i$ 时，则积累值 $n + i(Is)_{\overline{n-1}|j} < n + i(Is)_{\overline{n-1}|i} = s_{\overline{n}|i}$。

当 $j=i$ 时，该投资的收益率即为 i；否则，投资实际收益率介于原始本金年利率 i 与再投资利率 j 之间。

同理，对于期初付标准年金可以做类似的讨论。下面通过几个例题来说明一下再投资对项目收益率的影响。

【例 3 - 8】 某年金每年初付款 1000 元，共 8 年，各付款利率为 8%，各付款所得利息的再投资利率为 6%。（1）计算第 8 年末的年金积累值；（2）若某人在时刻 0 采取一次性支付方式获得上述积累值，需要支付多少款项才可达到 10% 的收益率。

解：（1）根据题意，可得资金流程如图 3.3 所示。

原始投资:	1	1	1	1	⋯	1
时间:	0	1	2	3	⋯	$n-1$	n
利息收入:		i	$2i$	$3i$	⋯	$(n-1)i$	ni

图 3.3 资金流程图

那么，时刻 n 的累积本息之和为：

$$n + i(Is)_{\overline{n}|j} = n + i \times \frac{\ddot{s}_{\overline{n}|j} - n}{j} = n + i \times \frac{s_{\overline{n+1}|j} - (n+1)}{j}$$

每期初付款 $R = 1000$，$n = 8$，$i = 0.08$，$j = 0.06$，则：

$$R[n + i(Is)_{\overline{n}|j}] = R\left[n + i \times \frac{s_{\overline{n+1}|j} - (n+1)}{j}\right]$$

$$= 1000\left[8 + 0.08 \times \frac{s_{\overline{9}|0.06} - 9}{0.06}\right] = 11321.73 \text{（元）}$$

（2）设要支付的款项为 P，则：

$$P(1+r)^n = R[n + i(Is)_{\overline{n}|j}]$$

$$P = \frac{R[n + i(Is)_{\overline{n}|j}]}{(1+r)^n} = \frac{11321.73}{(1+0.1)^8} = 5281.68 \text{（元）}$$

从〖例 3 - 8〗中（1）的结果反求整个投资的总收益率，可知总收益率为 7.680%，介于 6% 与 8% 之间。

【例 3 - 9】某人在年初贷出款项 10000 元，本金利率为 9%，为期 3 年，若所还款的再投资利率为 6%，按以下几种方式收回贷款本利：

（1）以年金方式，每年末归还一次，每次还款额相等；

（2）以与利率等效的贴现方式，在贷款时扣除利息；

（3）以每年末将本年所生利息支付给贷款人；

（4）第 3 年末一次性归还本利和；

计算并比较各种还款方式下的投资收益率。

解：（1）设每年末还款额为 P，则：

$$P \times a_{\overline{3}|0.09} = 10000 \quad P = 3950.55 \text{（元）}$$

这些归还款项按照 6% 年利率再投资，第 3 年末积累值为：

$$P \times s_{\overline{3}|0.09} = 3950.55 \times s_{\overline{3}|0.06} = 12576.96 \text{（元）}$$

设总的收益率为 i，则：

$$10000(1+i)^3 = 12576.96, i = 7.942\%$$

（2）贴现率：$d = \frac{i}{1+i} = 8.257\%$，则贴现值为：

$$10000[1 - (1-d)^3] = 2278.17 \text{（元）}$$

而再投资利率为 6%，所以贴现部分第 3 年末的再投资积累值为：

$$2278.17 \times (1.06)^3 = 2713.33 \text{（元）}$$

则第 3 年末总的积累值为：

$$10000 + 2713.33 = 12713.33 \text{（元）}$$

总的投资收益率满足：$10000(1+i)^3 = 12717.33$，则：

$$i = \left(\frac{12717.33}{10000}\right)^{\frac{1}{3}} - 1 = 8.331\%$$

（3）每年末产生利息：$10000 \times 0.09 = 900$（元），

每年这 900 元按 6% 再投资，第 3 年末的积累值为：

$$900 s_{\overline{3}|0.06} = 2865.24 \text{（元）}$$

则第 3 年末总的积累值为：

$$10000 + 2865.24 = 12865.24 \text{（元）}$$

总的投资收益率为：

$$i = \left(\frac{12865.24}{10000}\right)^{\frac{1}{3}} - 1 = 8.761\%$$

（4）第 3 年末总积累值：$10000(1 + 0.09)^3 = 12950.29$（元），总的投资收益率即为 9%。

本例说明，随着还款速度的减慢（包括还款额度及还款时间分布），总的投资收益率逐渐接近本金最初投资收益率，也即最初投资收益率所起的作用越来越重要。

3.3 投资额加权收益率

在投资业务中，不断会有新的资金投入，也会有旧的资金抽出，而且投资的收益或亏损会随业务的不断开展而产生，且各次资金变动的收益随发生时间不同会有所不同。这些资金流动是不规则的流动，这种投资账户如何计算收益率？例如：某股民的股票买卖和资金账户的情况如表 3.2 所示，求在过去的一年中，该股民的投资收益如何？

表 3.2　　　　　　　　　　**某股民投资情况**

时间	交易情况	红利分配
0	买入 1000 股，每股 5 元	无
0.5	用红利收入买入股票，每股 4 元	0.2 元/股
0.75	另购入 500 股，每股 4.5 元	无
1	以每股 5 元出售所有的股票	0.25 元/股

本节所学习的投资额加权收益率就是计算这种不规则基金流动的收益率的方法。为了方便，我们只考虑一个期间的投资收益率，并引入符号说明，如表 3.3 所示。

表 3.3 符号说明

符号	含义
A	期初基金的资本量
B	期末基金的本息和
I	投资期内基金所获得的收入
C_t	t 时刻投入基金或从基金中赎回的资金量，$0 \leq t \leq 1$
C	注入或赎回的资金之和，即 $C = \sum_t C_t$
$_a i_b$	时刻 b 至 $b+a$ 之间单位投资的收益，其中 $a \geq 0$，$b \geq 0$，$a+b \leq 1$

平衡公式：结束时的资本量 = 开始时的资本量 + 总净资本投入 + 利息收入：

$$B = A + C + I$$

假设投资期内所获得的收入是在期末支付，利息等于在此期间投入的所有本金的利息收入之和，则：

$$I = iA + \sum_t C_t \times _{1-t} i_t \quad 0 \leq t \leq 1$$

其中，i 是年收益率。

思考：希望根据上式求出收益率 i，则需计算 $_{1-t} i_t$，如何计算？

计算方法一：复利方法。假设 $_{1-t} i_t = (1+i)^{1-t} - 1$。此时，上述公式可简化为：

$$I = iA + \sum_t C_t (1+i)^{1-t} - C = iA + (1+i) \sum_t C_t v^t - C$$

这种方法无法得到收益率的解析表达式，需要用数值方法近似求解。

计算方法二：单利方法。假设 $_{1-t} i_t \approx (1-t)i$。此时，上述公式可简化为：

$$I \approx iA + \sum_t C_t (1-t)i = i \left[A + \sum_t C_t (1-t) \right]$$

此时，求得收益率的解析表达式为：

$$i \approx \frac{I}{A + \sum_t C_t (1-t)} \tag{3.6}$$

上述收益率的计算式（3.6）是在类似于单利假设下所得，所以严格地说它不是实际利率。但在许多情况下（特别 C_t 相对于 A 很小），这个结果非常接近于实际利率。由上述收益率的计算公式可知，每一笔投资金额均按照该金额投入的时刻到时刻 1 之间所余的时间段的长短进行加权。

由该方法可计算表 3.2 的投资收益率。由表 3.2 中投资活动可知：

$A = 1000 \times 5 = 5000$ 元，$C_{0.75} = 500 \times 4.5 = 2250$（元）

$B = (1000 + 50 + 500) \times (5 + 0.25) = 8137.5$（元）

那么，$I = B - A - C = 887.5$（元）。期内只发生了一次净资金投入，且发生在 0.75 时刻，则由单利法可知，该投资活动的收益率约为：

$$i \approx \frac{I}{A + \sum_t C_t (1 - t)} = \frac{887.5}{5000 + 2250 \times 0.25} = 15.96\%$$

若按照构建价值等式的方法求解该项投资的收益率，则可通过下式进行求解：

$$5000 \times (1 + i) + 2250 \times (1 + i)^{0.25} = 8137.5$$

解得，收益率 $i = 16.04\%$。

由此可见，单利法的近似效果很好。

在实用中通常对式（3.6）做进一步简化。

计算方法三：均匀分布法。假设各次资金投入与赎回在 $0 \sim 1$ 期间服从均匀分布，则 C_t 的发生时间 t 可以按各发生时间的均值 0.5 计算，即 $t = 0.5$，则：

$$i \approx \frac{I}{A + 0.5C} = \frac{I}{A + 0.5(B - A - I)} = \frac{2I}{A + B - I} \tag{3.7}$$

式（3.7）基于 C_t 的发生时间 t 是均匀分布的假设，如果有多笔金额投入，并且大致以 $t = 0.5$ 对称时，可以应用此式。在计算时，只考虑期初资金、收益、期末资金三项，就可以近似计算出基金的收益率，十分方便。这种方法在实务中经常被用来粗略评估，例如，保险监管采用这种方法对保险公司的投资收益加以了解等。

计算方法四：平均时间法。若能计算净资金投入的平均时间，则可以通过修正式（3.7）弥补上述估计产生的误差。假设净资金投入的平均时间 k，$0 < k < 1$，则：

$$i \approx \frac{I}{A + (1 - k)C} = \frac{I}{A + (1 - k)(B - A - I)} = \frac{I}{kA + (1 - k)B - (1 - k)I} \tag{3.8}$$

其中，$k = \sum_t t \times \frac{C_t}{C}$，$\frac{C_t}{C}$ 为计算投资平均时间 k 时 t 的权重。当 $k = 0.5$ 时，式（3.8）变为式（3.7）。

【例 3 - 10】年初，某基金有资金 1000 元，在 4 月末新投入资金 500 元，在 6 月末抽回资金 100 元，8 月末抽回资金 200 元。年底，基金余额 1272 元。利用单利方法、均匀分布法、平均时间法分别计算基金收益率。

解： 基金收益为：

$$1272 - (1000 + 500 - 100 - 200) = 72 \text{（元）}$$

单利方法：

$$i \approx \frac{I}{A + \sum_t C_t (1 - t)} = \frac{72}{1000 + \frac{2}{3} \times 500 - \frac{1}{2} \times 100 - \frac{1}{3} \times 200} = 5.92\%$$

均匀分布法：

$$i \approx \frac{2I}{A + B - I} = \frac{2 \times 72}{1000 + 1272 - 72} = 6.55\%$$

平均时间法：

$$k = \sum_t t \times \frac{C_t}{C} = \frac{1}{3} \times \frac{500}{200} + \frac{1}{2} \times \frac{-100}{200} + \frac{2}{3} \times \frac{-200}{200} = -\frac{1}{12}$$

$$i \approx \frac{I}{kA + (1-k)B - (1-k)I} = \frac{72}{-\frac{1}{12} \times 1000 + \frac{13}{12} \times 1272 - \frac{13}{12} \times 72} = 5.92\%$$

Excel 实现：应用 XIRR 函数求解精确的收益率。

某投资账户的余额及其新增投资如表 3.4 所示，计算该投资账户在当年的收益率（每个日期的投资余额中不含当日的新增投资）。

表 3.4　　　　　　　　　　　　投资账户余额

项目	2022 - 01 - 01	2022 - 04 - 01	2022 - 09 - 01	2023 - 01 - 01
账户余额	100	112	110	120
新增投资		− 20	30	

对于本例的数据，在单元格 Al：A4 中输入投资账户的净现金流入，在单元格 Bl：B4 中输入净现金流入的发生时间，在单元格 C5 中输入函数 " = XIRR（Al：A4，Bl：B4）" 后回车，即可求得收益率为 10.547%，如表 3.5 所示。注意，账户在时间零点的余额表示资金的流出，为负值，在到期时间的余额表示资金的流入，为正值。

表 3.5　　　　　　　　应用 XIRR 函数求解精确的收益率

项目	A	B	C
1	− 100	2022 - 01 - 01	
2	20	2022 - 04 - 01	
3	− 30	2022 - 09 - 01	
4	120	2023 - 01 - 01	
5			10.547%

3.4　时间加权收益率

我们先给出时间加权收益率的一般计算步骤，再分析它与投资额加权收益率的区别。

3.4.1　时间加权收益率的一般计算步骤

（1）对于整个基金账户每次因新资本的投入或旧资本的抽出而造成的变动，随时进行利息结算，计算当时的阶段收益率。

（2）由阶段收益率计算整个投资期的综合收益率。

3.4.2　时间加权法的具体计算方法

假设在一个投资期内，有 $m-1$ 次资金投入（或抽出），具体资金流程如图 3.4 所示。

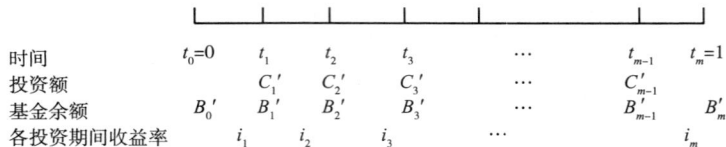

时间	$t_0=0$	t_1	t_2	t_3	$\cdots$	t_{m-1}	$t_m=1$
投资额		C_1'	C_2'	C_3'	$\cdots$	C_{m-1}'	
基金余额	B_0'	B_1'	B_2'	B_3'	$\cdots$	B_{m-1}'	B_m'
各投资期间收益率		i_1	i_2	i_3	$\cdots$		i_m

图 3.4　时间加权收益率资金流程图

其中，C_k' 为各时刻投入或抽出的资金净额，B_k' 为各时刻整个基金的余额，不包括该时刻的新投入或新抽出；i_k 是相邻两个时刻（t_{k-1}, t_k）间的收益率，则：

$$1 + i_k = \frac{B_k'}{B_{k-1}' + C_{k-1}'} \quad k = 1, 2, \cdots, m$$

0 至 1 这一时期内的收益率可由下式计算：

$$1 + i = (1 + i_1)(1 + i_2)\cdots(1 + i_m)$$

即：

$$i = (1 + i_1)(1 + i_2)\cdots(1 + i_m) - 1 = \prod_{k=1}^{m} \frac{B_k'}{B_{k-1}' + C_{k-1}'} - 1 \tag{3.9}$$

式（3.9）就是时间加权收益率的一般计算公式。它表示，若在 0 时刻起，投入 1 元资金，不论这一年内各时间段的收益率如何变化，这 1 元投资一直保持在基金中，至年底可产生 i 元的收益。i 的值只与各时间段收益率总体相互作用的结果有关，而不考虑各时刻的投资额。

3.4.3　时间加权收益率和投资额加权收益率的区别

为了方便理解，下面通过一个案例说明时间加权收益率和投资额加权收益率的区别。

设某投资基金年初价值为 100 万元，至年中时降至 50 万元，到年底价值又升至 100 万元。若基金在这一年中没有新投入、没有赎回资金的话，当年的收益率显然为 0。

甲投资基金参与人在年初时有 10000 元的资金在基金中；在年中，基金价值降为 5000 元时，又追加了 5000 元投入；至年底时，基金升值，其基金价值为 20000 元。则甲的投资额加权收益率为：

$$10000(1 + i) + 5000(1 + i)^{\frac{1}{2}} = 20000$$

可得：$i_{甲} = 40.69\%$。

乙投资基金参与人在年初时也有 10000 元的资金在基金中；在年中，基金价值降为 5000 元时，抽出 2500 元；至年底时，基金升值，其基金价值为 5000 元。则乙的投资额加权收益率为：

$$10000(1 + i) - 2500(1 + i)^{\frac{1}{2}} = 5000$$

可得：$i_{乙} = -28.92\%$。

由上述案例可知，对于同一时期同一基金的不同投资行为，投资额加权收益率是不同的。产生差别的原因是甲投资人在基金升值前又投入一部分资金，乙投资人在资金升值前却赎回了一部分资金，失去了一部分基金价值翻番的机会。

因此，投资额加权收益率计算的是特定时期内、特定投资行为的收益率，与具体的投资相关。各不同时期投入、抽出的资金额对收益率的影响很大：在收益率高的时期投入或持有的资金量较大；在低收益期投入的或持有的资金量较小；这两种情况均会导致总体收益率较高。

投资额加权收益率是从具体投资人的角度计算的收益率，而时间加权收益率是从整个基金管理人的角度计算的收益率，这个收益率能更好地反映基金的运作结果。

从前面的案例可以看出，在这一个投资期（一年）内，从整个基金的角度，可以分为两个时间段。第一个时间段的投资收益率 $i_1 = -0.5$，第二个时间段的投资收益率 $i_2 = 1$，则整个期间的收益率为：

$$i = (1 + i_1)(1 + i_2) - 1 = 0$$

这就是时间加权收益率。时间加权收益率是针对特定期间，且只在期初投资的收益率，它只与具体的各时间段内的收益率有关，而与各时间段的投资额无关。

在实务中，可以更清楚地了解两种收益率的区别。其一，某基金有 1 亿股，年初每股价值 1 元，而一年中每股价格起起落落，年终又回到每股 1 元，则整个基金收益率就是时间加权收益率。其二，投资于基金的各投资人由于各时刻的投资行为不同，每人的收益率不同，有高有低，有正有负。

【例3-11】某投资基金一年内四个时间段各期收益率，甲、乙两投资人的个人投资额及积累额如表3.6所示，计算甲、乙投资人及基金的投资收益率。

表3.6　　　　　　基金收益率变化及甲、乙投资人个人投资额情况　　　　　单位：元

时间点	基金各期收益率（%）	甲各时刻投资额	甲各时刻基金积累额	乙各时刻投资额	乙各时刻基金积累额
0			1000		100
1	30	100	1415	100	245
2	10	100	1661.5	100	375.5
3	-20	100	1419.2	100	389.6
4	10	100	1666.12	100	533.56

解：甲投资人：$A=1000$，$B=1666.12$，$I=1666.12-100\times4-1000=266.12$，各次资金投入与赎回在投资期间均匀分布，由均匀分布法可得：

$$i_甲=\frac{2\times266.12}{1000+1666.12-266.12}=22.18\%$$

乙投资人：$A=100$，$B=533.56$，$I=533.56-100\times4-100=33.56$，各次资金投入与赎回在投资期间均匀分布，由均匀分布法可得：

$$i_乙=\frac{2\times33.56}{100+533.56-33.56}=11.19\%$$

整个基金的收益率用时间加权收益率方法计算：

$$i=(1+i_1)(1+i_2)(1+i_3)(1+i_4)-1$$
$$=(1+30\%)(1+10\%)(1-20\%)(1+10\%)-1$$
$$=25.84\%$$

由此可见，不同的投资人得到不同的收益率，而基金的收益率只表明年初基金中的一单位投资在基金中保持一年后的增长或收益。

【例3-12】某项投资1月1日价值100000元，5月1日价值升至112000元，同时又注入30000元，11月1日，投资价值降到125000元。同时又抽回42000元。年末投资价值又升至100000元。计算投资收益率：

（1）用投资额加权收益率计算；（2）用时间加权收益率计算法。

解：（1）投资额加权收益率：

由题意可知，$A=100000$，$B=100000$，$C=30000-42000=-12000$，那么，$I=B-A-C=12000$。由单利法可知：

$$i \approx \frac{I}{A + \sum_t C_t(1-t)} = \frac{12000}{100000 + \frac{2}{3} \times 30000 - \frac{1}{6} \times 42000} = 10.62\%$$

（2）时间加权收益率：

$$i = \frac{112000}{100000} \times \frac{125000}{142000} \times \frac{100000}{83000} - 1 = 18.79\%$$

3.5　收 益 分 配

如果一个基金由多个投资者共同所有，其中每一位投资者在投资基金中占有一定比例，其投资收益随基金的总体收益变化，而不进行单独投资。那么在每个年度末，应该如何把基金的投资收益分配给每个投资者呢？

在一个基金中某些人的投资可能较早，而另一些人的投资则相对较晚。如果基金的收益率水平一直保持恒定，那么收益分配是比较容易的，只需按照基金的收益率和每个投资者的投资额及其投资时间就可以计算出应该分配给每个投资者的份额。例如，假设基金的收益率一直保持在 6% 的水平。某个投资者的投资额是 10000 元，投资时间是 9 个月，则根据单利计算，应该分配给该投资者的投资收入是 10000 × 0.06 × 9/12 = 450（元）。

这种分配投资收益的方法称作投资组合法（portfolio method）。所谓投资组合法，就是基于整个基金所得的平均收益率，根据每个资金账户所占比例与投资时间长度分配基金收益。不论投资时间早晚，他们都将获得一个相同的收益率。在投资收益比较平稳的时期，这种方法是切实可行的。但是，如果市场利率波动较大，尤其是当市场利率处于上升阶段时，用投资组合方法分配投资收益容易引起旧有资金的撤出，同时可能不利于吸引新的投资者。这是因为当市场利率上升时，投资基金在早期的投资收益较低，从而会拉低其平均的收益率。如果投资基金的平均收益率低于当前的市场利率，那么当投资基金按平均收益率分配投资收益时，潜在的投资者当然不会愿意加入投资基金。

下面通过一个例子说明投资组合法的收益分配。

【例 3 - 13】某基金有两个投资人，甲年初在基金中有资金 10000 元，年中又投入 10000 元，乙有 20000 元，上半年收益率为 10%，下半年收益率为 20%。利用投资组合法计算甲乙应分得的收益。

解：基金年末价值为：[（10000 + 20000）× 1.1 + 10000] × 1.2 = 51600（元）

基金收益为：51600 - （10000 + 20000 + 10000）= 11600（元）

以最小投资时间间隔为单位时间，甲投资人应分得的收益为：

$$\frac{10000 \times 2 + 10000 \times 1}{10000 \times 2 + 20000 \times 2 + 10000 \times 1} \times 11600 = 4971.43 \text{（元）}$$

乙投资人应分得的收益为：

$$\frac{20000 \times 2}{10000 \times 2 + 20000 \times 2 + 10000 \times 1} \times 11600 = 6628.57 \text{（元）}$$

其中，与投资额相乘的系数 1 或 2 表明该投资额所对应的投资时间长度。

采用这种方法，无论每个投资者是何时开始参加投资的，在每个投资年度的年收益率都是一样的。在短时间内，该种方法简单易行。但如果投资期较长，特别是利率波动较大时，采用平均利率的方法就可能会带来很大的不公平。

例：某基金在 2020 年的平均年收益率为 8%，这个收益率是该基金 2015 ~ 2020 年各种投资组合综合的投资收益率水平。某投资者是 2016 年参加该基金的，2016 ~ 2017 年投资市场呈上升趋势，该基金 2016 年和 2017 年的平均年收益率为 10%，如果对这个投资者仍然以年 8% 的收益率计算当年账户的收益，可能会使其放弃对该基金的投资，或是不可能吸引更多的投资者参加该项目。当然，在市场利率下降的时期，采用组合方法更能吸引潜在的投资者，但对于早期的投资者而言又不公平，因为新增投资会拉低他们的平均收益水平。

实务中，为了处理这些矛盾，逐渐产生了投资年法（investment year method）来分配投资收益。投资年法在分配收益时，要考虑投资的时间和分配收益的时间。收益率上升时，则新投入资金的收益率会超过按投资组合法计算的收益率。由于实务中投资年法很复杂，新增投资一般在若干年内按投资年法分配收益，超过一定年数以后，再按投资组合法分配收益。根据基金的运作情况，选择一定的期限，如 10 年、5 年等，在这一期间内的投资，利用投资年法，而超过这一期间的投资则利用投资组合法。

按最初投资时间和投资所持续的时间，以及与各时间相联系的利率，制定一个二维表。为了简便，假设所有的资金投入和赎回均发生在 1 月 1 日。

假设 x 为投资的日历年份，m 为应用投资年方法的年数，即若投资时间未满 m 年，则利用投资年法计算收益率，若超过 m 年，则超过的部分按照投资组合法计算收益率。投资年度利率是考虑投资发生日期的利率，投资发生的日期不同，投资年度利率也可能不同。在 x 年的投资第 t 年的收益率记为 i_t^x，$t = 1, 2, \cdots, m$，其中，i_1^x 为 x 年的新投资收益率。

若设 C 为 x 年初的投资金额，则该笔投资在 $x + k$ 年初的积累值为：

$$\begin{cases} C(1 + i_1^x)(1 + i_2^x) \cdots (1 + i_k^x) & k \leqslant m \\ C(1 + i_1^x) \cdots (1 + i_m^x)(1 + i^{x+m+1}) \cdots (1 + i^{x+k}) & k > m \end{cases}$$

表 3.7 给出了投资年方法的一个示例，列出了 2015 ~ 2022 年 $m = 5$ 时投资年

方法中收益率的计算。

表 3. 7 投资年方法示例

投资发生的日历年度	投资年度利率					投资组合收益率
x	i_1^x	i_2^x	i_3^x	i_4^x	i_5^x	i^x
2015	$i_1^{2015}=0.06$	$i_2^{2015}=0.062$	$i_3^{2015}=0.062$	$i_4^{2015}=0.063$	$i_5^{2015}=0.064$	$i^{2021}=0.078$
2016	$i_1^{2016}=0.07$	$i_2^{2016}=0.07$	$i_3^{2016}=0.071$	$i_4^{2016}=0.072$	$i_5^{2016}=0.072$	$i^{2022}=0.08$
2017	$i_1^{2017}=0.072$	$i_2^{2017}=0.073$	$i_3^{2017}=0.073$	$i_4^{2017}=0.074$	$i_5^{2017}=0.075$	$i^{2023}=0.081$
2018	0.073	0.075	0.077	0.077	0.077	
2019	0.073	0.076	0.075	0.076	0.077	
2020	0.075	0.076	0.077	0.077	0.078	
2021	0.78	0.078	0.079	0.08	0.081	
2022	0.08					

（1）计算某投资者在某年度的收益率。

先在第一列找到相应的原始投资时间 x；然后，沿水平方向找到对应的第几个投资年度，即可以得到相应的年收益率；如果投资年度超过 m，则继续沿列方向向下顺沿直至找到相应的年收益率。例如，在 2015 年的投资 C，经 3 年的积累值为：

$$C(1+i_1^{2015})(1+i_2^{2015})(1+i_3^{2015})$$

在 2015 年的投资 C，经 7 年的积累值为：

$$C(1+i_1^{2015})(1+i_2^{2015})(1+i_3^{2015})(1+i_4^{2015})(1+i_5^{2015})(1+i^{2021})(1+i^{2022})$$

（2）查找不同年度的投资在给定年度的收益率。

先找到对应的年份，沿对角线方向向右上方排列的一组利率都是这一年不同的投资者可能的利率。例如，在 2020 年，当年投资的资金收益率为 0.075，去年的投资收益率为 0.076，6 年前投资的资金组合收益率为 i^{2021}，如表格中标黑的数据。

【例 3 – 14】 某人于 2016 年初投资 20 万元，根据表 3.7 中的数据，计算新投资收益、第 6 年末的投资积累值，以及第 7 年的收益。

解： 新投资收益：$20 \times i_1^{2016} = 20 \times 0.07 = 1.4$（万元）

第 6 年末的积累值：

$$20 \times (1.07) \times (1.07) \times (1.071) \times (1.072) \times (1.072) \times (1.08) = 30.44 \text{（万元）}$$

第 7 年的收益为第 6 年的积累值与 i^{2022} 的乘积：

$$30.44 \times 0.081 = 2.47 \text{（万元）}$$

习　　题

1. 某项目的初始投资为 50000 元，并将产生如下净现金流入：第 1 年末 15000 元，第 2 年末 40000 元，第 3 年末 10000 元。求该项目的收益率。

2. 某投资者第 1 年末投资 7000 元，第 2 年末投资 1000 元，而在第 1、第 3 年末分别收回 4000 元和 5500 元，计算利率为 0.09 和 0.1 时现金流现值，以及该现金流的内部收益率。

3. 一个投资账户的有关信息如下：

时间	2020 年 1 月 1 日	2020 年 5 月 1 日	2020 年 9 月 1 日	2021 年 1 月 1 日
投入或支取前的余额（元）	50000	75000	90000	67000
投入（元）		15000		
支取（元）			25000	

计算该账户的投资额加权收益率和时间加权收益率。

4. 2021 年 1 月 1 日，一个投资账户的余额为 100 万元。4 月 1 日，余额上升为 120 万元，投资者在当日又存入 D 万元。10 月 1 日，账户余额为 100 万元，投资者在当日取出 50 万元。2022 年的 1 月 1 日，账户余额为 65 万元。假设该账户的时间加权收益率为 0%，计算其投资额加权收益率。

5. 某账户在 1 月 1 日的账面余额为 75 万元，12 月 31 日的账面余额为 130 万元。每月末存入该账户的资金为 10 万元，并分别在 2 月 28 日、6 月 30 日、10 月 15 日和 10 月 31 日从账户中取走了 5 万元、25 万元、8 万元和 35 万元。计算该账户在这一年中的投资额加权收益率。

6. 某投资者于 1 月 1 日在一个账户中投资 50 万元，该投资账户一年中的余额变化情况如下：

日期	投资前的余额（万元）	新增投资额（万元）
3 月 15 日	40	20
6 月 1 日	80	80
10 月 1 日	175	75

6 月 30 日，账面余额为 157.50 万元，12 月 31 日，账面余额为 X。如果把前 6 个月的时间加权收益率用年实际收益率表示，则其等于全年的时间加权收益率。求 X。

7. 甲获得 10 万元的保险金，若他用这笔保险金购买 10 年期期末付年金，每年可得 15380 元，若购买 20 年期期末付年金，则每年可得 10720 元，这两种年金基于相同的利率，求该利率的值。

8. 甲年初投资 2000 元，年利率为 17%，每年末收回利息，各年收回的利息按某一利率又投资出去，至第 10 年末，共得投资本息和为 7685.48 元，乙每年末投资 150 元，年利率为 14%，共 20 年，每年收回的利息按甲的再投资利率进行投资。计算乙在第 20 年末的投资本息和。

9. 投资者 A 以年利率 10% 投资 1000 万元，期限为 10 年。每年末支付利息，利息以年利率 i 进行再投资。10 年末，利息的积累值为 1500 万元。投资者 B 在 20 年的每年末投资 150 万元，年利率为 12%。每年末支付利息，利息以年利率 i 进行再投资。计算 20 年后 B 的利息积累值。

10. 某投资基金年初有投资 2 万元，年收益为 12%，3 月末又投入资金 5000 元，9 月末赎回资金 8000 元，假设 $_{1-t}i_t \approx (1-t)i$，计算年末基金的资金量。

11. 某投资者的初始投资为 12 万元，10 年末又投资 12 万元，这些投资以年实际利率 i 计息。利息按年度支付，并以 $0.75i$ 的年实际利率进行再投资。在第 20 年末，再投资利息的累积值为 64 万元，求 i。

12. 某人在第 1、第 2 年初各投资 1000 元到某基金，第 1 年末积累额为 1200 元，第 2 年末积累额为 2200 元。（1）根据投资额加权法计算年收益率；（2）根据时间加权法计算年收益率。

13. 某人购买一辆二手汽车，有两种付款方式：（1）一次性付完，现金 5 万元；（2）首次付款 24000 元，然后每年末付款 15000 元，共 2 年。若该购买者的最高可接受利率为 10%，他会选择哪种付款方式？

14. 某人将 1 万元存入一家银行，年利率为 4%，如果在存款未满 5 年半以前从银行支取存款，就会有支取部分的 5% 的额外罚金从账户中扣除，该储户在第 4、第 5、第 6、第 7 年末取款 k。该账户在第 10 年末存款积累值恰好为 1 万元，求 k。

15. 某人借款 1 万元，年利率为 4%，分 30 年还清，后 20 年每年还款额是前 10 年每年还款额的 2 倍，第 10 年末该借款人支付完当年的还款额后，一次性支付 10888 元，还清贷款。计算贷款人的收益率。

第4章 债务偿还

本章主要介绍借款决策中的时间价值对债务偿还额的影响。第一节介绍分期还款方式下的每期还款额、利息额、本金额的确定方法。第二节介绍偿债基金方式还款时，每期还款额、利息额、本金额的确定方法。

现实经济生活离不开资金融通，而资金融通必然涉及资金的借贷和贷款的偿还。贷款偿还有三种方式：分期偿还、偿债基金和满期偿还。

在分期偿还法中，借款人分期偿还贷款，每次偿还的金额先支付当期的利息，剩余部分用于偿还贷款本金。分期偿还法包括等额分期偿还和变额分期偿还。在等额分期偿还中，借款人每次偿还相等的金额，而在变额分期偿还中，借款人每次偿还的金额可以是变化的。

在偿债基金法中，借款人应放款人要求开设偿债基金专用账户，每期进行还款时，先用还款支付贷款的利息，然后将剩余还款存入偿债基金专用账户，账户存款按约定的积累利率进行积累，贷款到期时将专用账户积累额清偿贷款本金。偿债基金可以分为等额偿债基金和变额偿债基金。等额偿债基金是指借款人每次向偿债基金的存款额相等，而在变额偿债基金中，允许借款人每次向偿债基金的存款额不同。

满期偿还是在贷款期满时一次性偿还贷款本金和利息，可根据贷款额、利率和贷款期限，使用积累和折现公式计算，这里不必再专门分析。下面第一节介绍分期偿还计划分析方法，第二节介绍偿债基金分析方法。

4.1 分期偿还计划

分期偿还贷款时，所有各期还款形成年金模型，因此，分期偿还计划可使用年金模型进行分析。按贷款利率计算的所有分期偿还款项的现值等于贷款金额。例如，某人因购买住房向银行贷款 50 万元，分 20 年偿还，在这笔贷款业务的第 11 年初，有了足够的资金，希望一次性还完剩余贷款，结清该笔债务。这时，借款人需要知道一次性的还款额，这个还款额即该笔贷款在此时的贷款余额。分期偿还计划中需要分析贷款金额、还款中的本金和利息、某些时点的贷款余额情况。分期偿还法有等额还款和变额还款两种形式。

下面先讨论等额还款法下贷款余额和分期还款表，然后讨论变额偿还问题。

4.1.1　贷款余额

假设贷款的本金为 L，期限为 n，年实际利率为 i，借款人每年末等额分期偿还，则有下面的价值方程：

$$L = Ra_{\overline{n}|} \qquad\qquad (4.1)$$

即贷款本金应等于借款人未来偿还金额的现值和。

由此，借款人每次还款额为：

$$R = \frac{L}{a_{\overline{n}|}}$$

分期还款计划的现金流如图 4.1 所示。

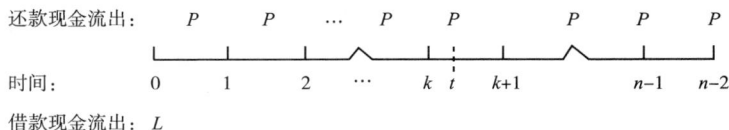

| 还款现金流出： | P | P | $\cdots$ | P | P | | P | P | P |

图 4.1　分期还款现金流示意图

贷款余额，也称未偿还本金额（outstanding balance），是指截至评估日借款人尚未偿的贷款本金。在贷款时刻，贷款余额即这笔贷款的贷款本金额 $L_0 = L$。用 L_k 表示第 k 期期末的贷款余额，该金额计算的是第 k 次还款后的贷款余额，它也等于第 $k+1$ 期期初的贷款余额。若贷款期限为 n，则第 n 期期末的贷款余额为零，即 $L_n = 0$。

计算贷款余额有两种方法：过去法和将来法。过去法（retrospective method）基于过去已经历时间的贷款额和还款额的积累值计算贷款余额；未来法（prospective method）根据未来需要偿还的款项的折现值计算贷款余额。理论上，两种方法是等价的。

4.1.1.1　过去法计算贷款余额

用过去法计算 k 时刻（k 为整数）的贷款余额（偿还本期还款 P 后），应为贷款额 L 按利率 i 计算的积累值与过去经历的每期还款 P 按利率 i 计算的积累值之差，即：

$$L(1 + i)^k - Ps_{\overline{k}|i}$$

4.1.1.2 未来法计算贷款余额

若按未来法，应为未来 $n - k$ 次还款按利率 i 折现到 k 时刻的现值，即：

$$P \times a_{\overline{n-k}|i}$$

4.1.1.3 两种方法理论上的等价性

理论上，过去法和未来法计算结果是相同的。将式（4.1）两端的金额按利率 i 积累至时刻 k，则：

$$L(1 + i)^k = Pa_{\overline{n}|} \times (1 + i)^k \tag{4.2}$$

式（4.2）右边为全还款期现金流在时刻 k 的价值。可将其分解为两部分：k 之前的各次付款和 k 之后各次付款，分别计算两部分在 k 时刻的价值，有：

$$L(1 + i)^k = Ps_{\overline{n}|i} + Pa_{\overline{n-k}|i}$$

移项有：

$$Pa_{\overline{n-k}|i} = L(1 + i)^k - Ps_{\overline{n}|i} \tag{4.3}$$

其中，等式左边是分期还款计划中按未来法计算的贷款余额，右边是按过去法计算的贷款余额，两者理论上相等。

我们将 k 时刻的贷款余额记为 B_k，根据过去法和未来法计算的贷款余额分别记为 B_k^r、B_k^p，则：

$$B_k^r = B_k^p$$

且

$$B_k^r = L(1 + i)^k - Ps_{\overline{k}|i} \tag{4.4}$$

$$B_k^p = Pa_{\overline{n-k}|i} \tag{4.5}$$

在任意时刻 $k + t(0 < t < 1)$ 的贷款余额为：

$$B_{k+t} = B_k(1 + i)^t \tag{4.6}$$

实务计算中，还款计划跨越多年期间（如 20 年），金融市场利率不断变化，贷款协议可能约定利率随市场利率变化而变化，这时，未来法和过去法确定贷款余额时利率可能不同。

【例 4 - 1】 一笔住房按揭贷款，总贷款额 50 万元，按月等额还款，还款期 10 年，按月计息的贷款名义利率为 6%。试分别用过去法和未来法计算在还款 40 次后的贷款余额。

解： 月实际利率 0.005，总还款额 120 次，每次还款额为：

$$P = \frac{500000}{a_{\overline{120}|0.005}} = 5551.0251$$

（1）过去法下贷款余额为：

$$B'_{60} = 500000\ (1 + 0.005)^{60} - Ps_{\overline{60}|0.005} = 365270.25\ （元）$$

（2）未来法下贷款余额为：

$$B^p_{60} = Pa_{\overline{80}|0.005} = 365270.25\ （元）$$

【例 4 - 2】某借款合同约定借款人每年末还款 5000 元，共还款 20 次。在第 4 次还款时，借款人希望额外多还 2 万元，并将剩余贷款期调整为 10 年，若年利率为 9%，试计算调整后每年的还款额。

解： 使用未来法，第四次还款后调整前贷款余额为：

$$B^p_4 = 5000a_{\overline{16}|} = 41562.79\ （元）$$

额外还款后的贷款余额为：

$$41562.79 - 20\,000 = 21562.79\ （元）$$

所以调整后每年还款为：

$$P = \frac{21562.79}{a_{\overline{10}|}} = 3359.92\ （元）$$

【例 4 - 3】一位年轻借款人预计自己 10 年后工资能大幅增长，于是决定在前 10 年每年末还 5000 元，后 5 年每年末还 20000 元，年利率为 8%，计算 $B_{5.5}$。

解： 根据未来法：

$$B^p_5 = 5000a_{\overline{5}|} + 20000a_{\overline{5}|} \times (1 + 0.08)^{-5} = 74310.98\ （元）$$

$$B_{5.5} = B_5 \times (1 + 0.08)^{1/2} = 74597.48\ （元）$$

4.1.2　还款额中的本金和利息分解

会计上，区分每次还款中的本金和利息部分具有重要意义。例如，银行经营贷款业务时需要缴纳增值税，该税项根据每个会计期利息所得确定，该期间收回的本金不需缴纳该税项。

设第 k 期初未偿还的贷款余额为 B_{k-1}，第 k 期期末应支付利息为 I_k，则：

$$I_k = iB_{k-1}$$

在该期还款中减去应支付利息后，剩余部分用于偿还本金。因此，第 k 期偿还的本金 P_k 为：

$$P_k = P - I_k$$

考虑等额分期还款，假设借款人每年末还款总额为 1 单位，还款期限 n 年，年实际利率为 i，可知该笔贷款初始贷款总额为 $a_{\overline{n}|}$，分期还款表给出了各期还款中本金和利息部分以及每次还款后的贷款余额，如表 4.1 所示。

表4.1 等额还款模型下的分期还款表

期间	每期还款	每次还款中的利息	每次偿还本金	贷款余额
0				$a_{\overline{n}\rvert}$
1	1	$ia_{\overline{n}\rvert} = 1 - v^n$	v^n	$a_{\overline{n-1}\rvert}$
2	1	$ia_{\overline{n-1}\rvert} = 1 - v^{n-1}$	v^{n-1}	$a_{\overline{n-2}\rvert}$
⋮	⋮	⋮	⋮	⋮
k	1	$ia_{\overline{n-k+1}\rvert} = 1 - v^{n-k+1}$	v^{n-k+1}	$a_{\overline{n-k}\rvert}$
⋮	1	⋮	⋮	⋮
$n-1$	1	$ia_{\overline{2}\rvert} = 1 - v^2$	v^2	$a_{\overline{1}\rvert}$
n	1	$ia_{\overline{1}\rvert} = 1 - v$	v	0
总计	n	$n - a_{\overline{n}\rvert}$	$a_{\overline{n}\rvert}$	

在第 k 期间，期初贷款余额为 $a_{\overline{n-k+1}\rvert}$，因此需还利息 $ia_{\overline{n-k+1}\rvert}$，剩余部分用于偿还本金，由于 $1 = ia_{\overline{n-k+1}\rvert} + v^{n-k+1}$，该期偿还本金数额为 $1 - ia_{\overline{n-k+1}\rvert} = v^{n-k+1}$，从而该期末剩余贷款为 $a_{\overline{n-k+1}\rvert} - v^{n-k+1} = a_{\overline{n-k}\rvert}$。

在分期还款表中，每期贷款余额可由未来法直接得到，每期偿还的本金部分成等比数列。将总还款额、支付总利息和逐期贷款余额列出后，方便借款人动态检查还款情况。例如实务中，贷款额为 10 万元、50 万元、200 万元，按表 4.1 调整即可。

【**例 4 - 4**】一笔 10 万元的贷款，贷款期 5 年，年利率 6%，每年末等额还款。计算：

（1）每年末应还款；

（2）每年末未偿还本金余额；

（3）每次还款金额中的利息和本金。

解：根据式（4.1），每年末应还款为：

$$P = \frac{100000}{a_{\overline{5}\rvert}} = 100000 \times \frac{0.06}{1 - 0.06^{-5}} = 23739.64 \text{（元）}$$

根据分期还款表 4.1，可以得到每年末未偿还本金余额，并分解每期还款的利息和本金部分。如第 3 年末的贷款余额为：

$$B_3 = 23739.64 \times a_{\overline{5-3}\rvert} = 23739.64 \times \frac{1 - 1.06^{-2}}{0.06} = 43524.08 \text{（元）}$$

$$I_3 = 23739.64 \times (1 - v^{5-3+1}) = 23739.64 \times (1 - 1.06^{-3}) = 3807.38 \text{（元）}$$

$$P - I_3 = 23739.64 - 3807.38 = 19932.26 \text{（元）}$$

其他各年计算结果如表 4.2 所示。

表 4.2　　　　　　　　　　分期偿还表　　　　　　　　　单位：元

年份	每年还款	每年付利息	每年还本金	贷款余额
0				100000
1	23739.64	6000.00	17739.64	82260.36
2	23739.64	4935.62	18804.02	63456.34
3	23739.64	3807.38	19932.26	43524.08
4	23739.64	2611.44	21128.20	22395.89
5	23739.64	1343.75	22395.89	0
合计	118698.20	18698.20	100000	

Excel 实现：

先使用 Excel 年金函数 PMT(0.06，5，－100000，0，0)，计算 10 万元的每期还款额，得到 23739.64 元；然后根据 0 时刻贷款余额为 10 万元，递推法逐期按先后顺序计算每期的支付利息、每年偿还本金、贷款余额。

等额分期还款中，借款人往往关心自己还款总额中的利息总支出情况。例如，给定贷款利率 $i=7\%$，借款人会关心贷款期限超过多少年时，支付的利息总额超过贷款本金。若一项贷款支付的利息总额等于初始贷款额，根据表 4.1 有：

$$n - a_{\overline{n}|} = a_{\overline{n}|}$$

利率为 7% 时，$1.07^{-n} + 0.035n - 1 = 0$，解该方程得到 $n=22.23$。表 4.3 给出了不同利率下一项贷款支付的利息总额等于初始贷款额的还款年数情况。则当借款人的还款年数超过此年数时，借款人的利息总支出超出了贷款本金。

表 4.3　　　　　　　　利息总额等于贷款本金时间

年利率	4%	5%	6%	7%	8%	9%	10%
超过年数	39.26	31.31	26.02	22.23	19.37	17.17	15.39

【例 4-5】投资者向一只基金投资 20000 元，希望在今后的 5 年内每年末领取 5000 元的收入。计算基金的年实际利率。如果从第 3 年初开始，基金的年实际利率上升了 100 个基点（一个基点为 0.01%），计算投资者在以后 3 年中，每年末可领取的收入。

解：假设基金的年实际利率为 i，根据题意有价值方程：

$$20000 = 5000a_{\overline{5}|}$$

代入公式并整理得：

$$\frac{1 - (1 + i)^{-5}}{i} = 4$$

求解 i，得到年实际利率为 $i=7.93\%$（可使用 Newton-Raphson 方法得到数值计算迭代公式，或使用 Excel 中的单变量求解工具）。

投资者在第 2 年末的投资余额为：

$$B_2 = 5000a_{\overline{3}|} = 5000 \times \frac{1 - (1 + 0.0793)^{-3}}{0.0793} = 12901.78 （元）$$

如果将利率提高 100 个基点，即 8.93%，则在以后 3 年中，每年末可领取的收入为：

$$R = \frac{12901.78}{a_{\overline{3}|}} = 12901.78 \times \frac{0.0893}{1 - (1 + 0.0893)^{-3}} = 5090.55 （元）$$

Excel 实现：

〖例 4 - 5〗中的单变量求解。根据 $\frac{1 - (1 + i)^{-5}}{i} = 4$，设 Excel 中表的位置安排如表 4.4 所示。

表 4.4　　　　　　　　　　　　单变量求解

项目	A	B	C	D	E
1	利率	5%			
2	年金	4.329477		目标值	4

B1 为利率，初值设为 5%；B2 为年金 $a_{\overline{5}|}$ 值，输入公式" = ［1 - (1 + B1)^(- 5)］/ B1"，E2 为目标值，输入"4"。然后［数据］→［模拟分析］→［单变量求解］，出现对话框如图 4.2 所示。

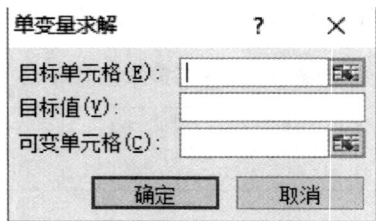

图 4.2　单变量求解对话框

目标单元格输入"B2"，目标值输入"E2"，可变单元格输入"4"。点击"确定"后，B1 单元格显示结果为利率解。

【例 4 - 6】一笔 10000 元的贷款，贷款期 10 年。若年实际利率为 6%，比较下述三种还款方式，哪种方式的利息支出最多？

（1）期满后一次性还本付息；

（2）每年末支付当年利息，期满时一次性还清本金；

（3）10 年内每年末偿还相同金额，在第 10 年末正好还清贷款。

解：（1）按贷款利率，该笔贷款在第 10 年末的积累值为：

$10000 \times (1 + 6\%)^{10} = 17908.48$（元）

所以总利息支出为 $17908.48 - 10000 = 7908.48$（元）。

（2）按此方式借款，每年末需支付利息为：

$10000 \times 0.06 = 600$（元）

10 年期间支付的利息总额为 6000 元。

（3）若 10 年内等额还款，则每年末需要还款金额为：

$$P = \frac{10000}{a_{\overline{10}|}} = 10000 \times \frac{0.06}{1 - 1.06^{-10}} = 1358.68（元）$$

10 年期间总还款额为 13586.80 元，利息总额为 3586.80 元。

〖例 4 - 6〗中，第一种方式支付的利息额最多，第三种方式本金平均偿还时间较早，支付的利息额最少。

【例 4 - 7】小明从商业银行获得总额 100 万元的住房抵押贷款，期限 20 年，银行报价为年化利率 6.18%，小明选择在每月末等额分期偿还。小明按约定还款 150 次，向银行提出一次性结清贷款申请并在 10 天后还清剩余贷款，那么小明这时应该偿还多少金额？

解： 根据年化利率得到月实际利率为 $i = 6.18\% / 12 = 0.00515$，从而小明每月末的等额偿还金额为：

$$P = \frac{1000000}{a_{\overline{240}|i}} = 1000000 \times \frac{0.00515}{1 - 1.00515^{-240}} = 7268.54（元）$$

小明在还款 150 次后，本来还有剩余 90 次还款，所以使用未来法得到在还款日该笔贷款的贷款余额为：

$$L_{150} = 7268.54 a_{\overline{90}|} = 7268.54 \times \frac{1 - 1.00515^{-90}}{0.00515} = 522450.39（元）$$

小明如果在第 150 次还款后的第 10 天一次性还清该笔贷款，那么偿还款包括第 150 次还款完成时的剩余贷款本金和随后 10 天产生的相应利息，因此，小明需要偿还的金额为：

$$L_t = 522450.39 \times (1 + i)^{\frac{1}{3}} = 523345.73（元）$$

实践中，银行基于流动性、风险管理、业务梳理等目的，可能对多个贷款债权打包进行出售，这时需要考虑每项贷款的利息相关问题。〖例 4 - 8〗给出相应的讨论。

【例 4 - 8】商业银行 A 签署一笔总额 100 万元的贷款合同，每季度末收到还款，共 6 年，季度计息的年化利率为 8%。第 2 年末，该银行将这笔债权转让给金融公司 B，金融公司 B 要求的收益率为年化利率 10%。不考虑风险问题，银行 A 和金融公司 B 在这笔债权上的利息收入分别是多少？

解： 每季度末的还款额为：

$$\frac{1000000}{a_{\overline{24}|0.02}} = \frac{1000000}{18.9139} = 52871.10 \text{（元）}$$

根据金融公司 B 的要求收益率，这笔债权的交易价格为：

$$52871.10 a_{\overline{16}|0.025} = 52871.10 \times 13.0550 = 690232.32 \text{（元）}$$

银行 A 转让债权时的贷款余额为：

$$52871.10 a_{\overline{24}|0.02} = 52871.10 \times 13.5777 = 717868.39 \text{（元）}$$

从而得到前 2 年还款偿还的本金额为 $1000000 - 717868.39 = 282131.61$（元）。因为前 2 年收到该笔贷款总还款为 $8 \times 52871.10 = 422968.80$ （元），所以前 2 年还款中的利息收入为 $422968.80 - 282131.61 = 140837.19$ （元）。

后 4 年金融公司 B 收到的总还款额为 $16 \times 52871.10 = 845937.60$ （元），所以该公司利息收入为 $845937.60 - 690232.32 = 155705.28$ （元）。

确定银行 A 和金融公司 B 的利息收入涉及实务中的会计处理问题。会计规则规定，债权转让时卖方的当期持有利息由买方在交易时支付给卖方，转让价格低于贷款本金余额部分为本金折让率。因此，前 2 年利息收入为银行 A 的利息收入，后 4 年利息收入为金融公司 B 利息收入。债权转让中银行 A 的本金损失 27636.04 元计入当期损益中。

4.1.3 变额分期偿还问题

变额分期偿还中，借款人每次还款金额可以不同。如等额分期还款一段时间后，还款额允许不规律偿还，或者各期还款都允许不同的情况。等额本金还款法是最常用的变额偿还形式，借款人每期还款包括两个部分：每期数额相等的本金和本期产生的利息。等额本金还款时，每期还款额逐期递减。

用 R_k 表示第 k 期期末的分期还款额，贷款利率为 i，一般情形下的分期偿还现值满足：

$$L = \sum_{k=1}^{n} v^k R_k \tag{4.7}$$

我们以例题形式分析变额还款下的还款分解问题。

【例 4-9】小张年初贷款，利率 5%，贷款期限为 10 年。约定还款方式为：第 1 年末还款 20000 元，第 2 年末还款 19000 元，其后每年比上年少 1000 元，第 10 年末还款为 11000 元。计算：

（1）贷款本金；

（2）第 5 次还款中的本金和利息部分。

解：每年还款额可拆分为如图 4.3 所示的年金形式。

10000元等额年金	1	1	1	…	1
1000倍递减年金	10	9	8	…	1
合计	20000	19000	18000	…	11000

图4.3 年金形式

（1）贷款本金为：

$$L = 10000a_{\overline{10|}} + 1000(Da_{\overline{10|}}) = 10000a_{\overline{10|}} + 1000\frac{10 - a_{\overline{10|}}}{i}$$

由 $a_{\overline{10|}} = 7.721735$，代入得到 $L = 122782.65$（元）。

（2）第5次还款额为16000元。第4次还款后的贷款余额为：

$$L_4 = 10000a_{\overline{6|}} + 1000(Da_{\overline{6|}})$$

所以第5次还款中的利息部分为：

$$iL_4 = 10000(1 - v^6) + 1000(6 - a_{\overline{6|}}) = 3462.15 \text{（元）}$$

因此，还款中的本金部分为 $16000 - 3462.15 = 12537.85$（元）。

【例4-10】 一笔100000元的贷款，期限为5年，年实际利率为5%，等额本金方式还款，每年末偿还20000元本金。请构造该项贷款的分期偿还表。

解： 由题意，第1年应支付利息为 $100000 \times 0.05 = 5000$（元），第1年还款总额为 $20000 + 85000 = 25000$（元）。

根据每次偿还20000元本金后的贷款余额，可得到每期利息和还款总额。具体分期偿还表如表4.5所示。

表4.5　　　　　　　　　　　**10万元贷款的分期偿还表**

年度	还本金	还利息	还款总额	贷款余额
0				100000
1	20000	5000	25000	80000
2	20000	4000	24000	60000
3	20000	3000	23000	40000
4	20000	2000	22000	20000
5	20000	1000	21000	0
合计	100000	15000	115000	—

变额分期还款中，可能出现一种特殊情况，借款人当期还款总金额比当期应付利息还少。如当期应偿还利息1000元，但该期实际偿还款只有900元，〖例4-11〗给出处理方法。

【例4-11】 一笔100000元的贷款，贷款年利率为10%，分10年偿还，每年末还款1次，每期还款额是上期还款额的1.20倍。计算各期还款中的本金、利息和贷款余额。

解： 设第 1 年还款 R_1，根据复利递增年金公式有：

$$100000 = R_1 \frac{1 - \left(\frac{1.2}{1.1}\right)^{10}}{0.1 - 0.2} = 13.87182 R_1$$

于是：

$$R_1 = \frac{100000}{13.87182} = 7208.86$$

第 1 年末应支付利息 $I_1 = 100000 \times 0.10 = 10000$（元）。由于第 1 年还款额小于当年应付利息，第 1 年末贷款余额即第 1 年末未偿还本金增加。第 1 年末本金偿还额为：

$$P_1 = R_1 - I_1 = 7208.86 - 10000 = -2791.14$$

贷款余额为：

$$L_1 = L - P_1 = 100000 + 2791.14 = 102791.14$$

类似地，第 2 年末应还利息、本金偿还额、贷款余额分别为：

$$I_2 = 102791.14 \times 0.10 = 10279.11$$

$$P_2 = R_2 - I_2 = 7208.86 \times 1.20 - 10279.11 = -1628.48$$

$$L_2 = L_1 - P_2 = 10279.11 + 1628.48 = 104419.59$$

同理可得之后各年的情况，对应结果见表 4.6。

表 4.6   还款额增加后的分期偿还表

年度	每年末还款额	支付利息	偿还本金	贷款余额
0				100000
1	7208.86	10000	-2791.14	102791.14
2	8650.63	10279.11	-1628.48	104419.62
3	10380.76	10441.96	-61.20	104480.83
4	12456.91	10448.08	2008.83	102472.00
5	14948.29	10247.20	4701.09	97770.91
6	17937.95	9777.09	8160.86	89610.05
7	21525.54	8961.00	12564.54	77045.51
8	25830.65	7704.55	18126.10	58919.41
9	30996.78	5891.94	25104.84	33814.58
10	37196.13	3381.46	33814.68	0.00
合计	187132.51	87132.40	100000.00	—

4.2　偿债基金

4.2.1　偿债基金表

偿债基金是通过建立偿债基金账户，定期向该账户存款，债务到期时用基金账户积累额偿还债务的方式。借款人在每个还款期将贷款在该期内产生的利息支付给贷款人，同时也在专门建立的基金中存入一笔款，使得这些款项建立的基金在贷款期末积累至贷款本金的额度，正好用于偿还贷款本金。这一基金就称为偿债基金，每期支付的利息有时称为使用费或服务费。

在实务中，这种偿债基金往往是贷款人要求借款人建立的，以保证贷款的偿还，每次存入基金的款项可以相同，也可以不同。这里先介绍每次存入基金的款项相同的偿债基金。

这种方式在贷款期内任一时刻，一方面有一个不变的贷款本金，另一方面有一个积累增长的偿债基金，两者之差就是净贷款余额。这样，从某种意义上讲，这种方式是分期偿还的一种特殊形式。

4.2.1.1　偿债基金账户积累利率与贷款利率相同的情形

若贷款额度为 1，年利率为 i，贷款期限为 n，按偿债基金法偿还贷款，则每年支付利息为 i，设各期存入偿债基金的款项为 D，偿债基金存款利率也为 i，则：

$$D \times s_{\overline{n}|i} = 1$$

即：

$$D = \frac{1}{s_{\overline{n}|i}} \tag{4.8}$$

那么借款人每期末需要支付的款项为 $\dfrac{1}{s_{\overline{n}|i}} + i$，而按分期偿还法每期的偿还款为 $\dfrac{1}{a_{\overline{n}|i}}$

由第二章可知：

$$\frac{1}{a_{\overline{n}|i}} = \frac{1}{s_{\overline{n}|i}} + i \tag{4.9}$$

可见，分期偿还法和偿债基金法在贷款利率与偿债基金存款利率相等时是等价的。

与表 4.1 对应，我们给出贷款额为 $a_{\overline{n}|i}$，期限为 n，贷款利率与偿债基金存款

利率都为 i 的偿债基金表，如表 4.7 所示。

表 4.7　　　　　贷款利率与偿债基金存款利率相同时的偿债基金表

期间	每次支出额	利息部分	存入基金部分	基金利息收入	偿债基金总额	净贷款额
0						$a_{\overline{n}|i}$
1	1	$ia_{\overline{n}|i}$	v^n	0	v^n	$a_{\overline{n}|i} - v^n = a_{\overline{n-1}|i}$
2	1	$ia_{\overline{n}|i}$	v^n	iv^n	$v^n s_{\overline{2}|i}$	$a_{\overline{n}|i} - v^n s_{\overline{2}|i} = a_{\overline{n-2}|i}$
3	1	$ia_{\overline{n}|i}$	v^n	$iv^n s_{\overline{2}|i}$	$v^n s_{\overline{3}|i}$	$a_{\overline{n-3}|i}$
⋮	⋮	⋮	⋮	⋮	⋮	⋮
k	1	$ia_{\overline{n}|i}$	v^n	$iv^n s_{\overline{k-1}|i}$	$v^n s_{\overline{k}|i}$	$a_{\overline{n-k}|i}$
⋮	⋮	⋮	⋮	⋮	⋮	⋮
n	1	$ia_{\overline{n}|i}$	v^n	$iv^n s_{\overline{n-1}|i}$	$v^n s_{\overline{n}|i}$	$a_{\overline{0}|i}$
总计	n	$nia_{\overline{n}|i}$	nv^n	$a_{\overline{n}|i} - nv^n$		

从表 4.7 可以看出，借款人每期支出款为 1，这笔款有两个去向：一是作为贷款的利息支付给贷款人；二是作为存款，存入偿债基金：$1 = ia_{\overline{n}|i} + v^n$。偿债基金总额是各次存入偿债基金的款项的积累值。基金利息收入为本期初偿债基金总额在本期的利息收入，各期利息收入之和正是贷款本金与存入基金的本金的差。

表 4.3 中所列的贷款，若按偿债基金法偿还贷款，则偿债基金表如表 4.8 所示。

表 4.8　　　　　4% 利率下 10000 元贷款的偿债基金表

期间	每次支出额	利息部分	存入基金部分	基金利息收入	偿债基金总额	净贷款额
0						10000
1	2246.27	400	1846.27	0	1846.27	8153.73
2	2246.27	400	1846.27	73.85	3766.39	6233.61
3	2246.27	400	1846.27	150.66	5763.32	4236.68
4	2246.27	400	1846.27	230.53	7840.12	2159.88
5	2246.27	400	1846.27	313.60	10000	0
总计	11231.36	2000.00	9231.36	768.64		

4.2.1.2　偿债基金账户积累利率与贷款利率不同的情形

若贷款利率与偿债基金存款利率不同，偿债基金方式与分期偿还方式的还款额就不同。在实务中，经常是两者不同的情况，一般贷款利率高于偿债基金存款利率。实务中，一般 $i>j$，但从数学上，可以有 $j \geqslant i$ 的情况。下面的分析两种情况都适用。

设 L 为贷款额，n 为贷款期限，i 为贷款利率，j 为偿债基金存款利率，D 为每期存入偿债基金的款项，P 为每期借款人的总支出额（利息部分＋存入基金部分）。

根据偿债基金特点，有：

$$L = D \times a_{\overline{n}|j} \qquad (4.10)$$

从而：

$$D = \frac{L}{a_{\overline{n}|j}} \qquad (4.11)$$

借款人每期总支出额满足：

$$P = Li + D = Li + \frac{L}{s_{\overline{n}|j}}$$

$$= L\left(i + \frac{1}{s_{\overline{n}|j}}\right) = L\left(i + \frac{1}{a_{\overline{n}|j}} - j\right)$$

$$= L\left[\frac{1}{a_{\overline{n}|j}} + (i-j)\right] = \frac{\dfrac{L}{a_{\overline{n}|j}}}{1 + (i-j)a_{\overline{n}|j}} \qquad (4.12)$$

其中，记 $a_{\overline{n}|i\&j} = \dfrac{a_{\overline{n}|j}}{1 + (i-j)a_{\overline{n}|j}}$。

由式（4.12）推导过程可知：

$$\frac{1}{a_{\overline{n}|i\&j}} = \frac{1}{s_{\overline{n}|j}} + i \qquad (4.13)$$

且

$$P = \frac{L}{a_{\overline{n}|i\&j}} \qquad (4.14)$$

若第 k 次利息支付及向基金存款后的贷款净余额记为 NB_k，则：

$$NB_k = L - Ds_{\overline{k}|j} \qquad (4.15)$$

定义第 k 期内的净利息支出为该期支出的贷款利息与偿债基金所得利息之差，记为 NI_k，即：

$$NI_k = Li - j \times D \times s_{\overline{k-1}|j} \qquad (4.16)$$

定义第 k 期内的净本金支付为该期期末偿债基金与期初偿债基金额之差，记为 NP_k，即：

$$NP_k = D \times s_{\overline{k}|j} - D \times s_{\overline{k-1}|j} = D + D \times s_{\overline{k-1}|j}(1+j) - D \times s_{\overline{k-1}|j}$$

$$= D(1 + js_{\overline{k-1}|j}) = D[1 + (1+j)^{k-1} - 1]$$

$$= D(1+j)^{k-1} \qquad (4.17)$$

可见，各期净本金支付额成等比数列。

根据式（4.10）和式（4.15），有：

$$NB_k = L - D \times s_{\overline{k}|j} = L - \frac{L}{s_{\overline{n}|j}} s_{\overline{k}|j}$$

$$= L \frac{s_{\overline{n}|j} - s_{\overline{k}|j}}{s_{\overline{n}|j}} = L \frac{a_{\overline{n}|j} - v^{n-k} a_{\overline{k}|j}}{a_{\overline{n}|j}}$$

$$= \frac{L}{a_{\overline{n}|j}} (v + v^2 + \cdots + v^n - v^{n-k+1} - v^{n-k+2} - \cdots - v^n)$$

$$= \frac{L}{a_{\overline{n}|j}} (v + v^2 + \cdots + v^{n-k})$$

$$= \frac{L}{a_{\overline{n}|j}} a_{\overline{n-k}|j} \qquad (4.18)$$

若贷款利率为 j，则分期偿还计划中每期还款额为 $P = \dfrac{L}{a_{\overline{n}|j}}$，第 k 期还款后的贷款余额为：

$$B_k = P a_{\overline{n-k}|j} = \frac{L}{a_{\overline{n}|j}} a_{\overline{n-k}|j}$$

这与式（4.18）相同。这就是说，贷款利率为 i，基金存款利率为 j 的偿债基金中第 k 期还款后的净贷款余额与贷款利率也为 j 的分期偿还法中第 k 期还款后的贷款余额相等。

根据式（4.17），有：

$$NP_k = D(1+j)^{k-1} = \frac{L}{s_{\overline{n}|j}} (1+j)^{k-1} \times \frac{v^n}{v^n} = \frac{L}{a_{\overline{n}|j}} v^{n-k+1} \qquad (4.19)$$

与上面所介绍的 B_k 是同样的道理，在分期偿还计划中，有 $P = \dfrac{L}{a_{\overline{n}|j}}$，所以式（4.19）可以写为：

$$Pv^{n-k+1}$$

因此，偿债基金法中第 k 期支付款中净本金支付与以 j 为贷款利率的分期偿还法中的第 k 期偿还款中的本金部分相等。

【例 4-12】小明需要 200000 元贷款，分 4 年偿还，甲、乙两个银行都可提供这笔贷款，甲要求每年末支付利息并建立偿债基金，偿债基金存款利率为 8%，贷款利率为 10%。乙要求按分期偿还法偿还贷款，求使这两种贷款等价的乙银行的贷款利率。

解：甲、乙都要求小明在每年末支付一笔等额偿还款，共 4 次。若两种贷款等价，那么，两种贷款的每年支出额应相等。

甲贷款人要求的每年支出额为：

$$\frac{200000}{a_{\overline{4}|0.1\&0.08}} = 64384.16 （元）$$

则乙银行的贷款利率 i 满足：

$$64384.16 a_{\overline{4}|i} = 200000$$

$$a_{\overline{4}|i} = 3.1064$$

利用第二章求解年金未知利率方法，有：

$$i_0 = \frac{2(n-k)}{k(n+1)} = \frac{2(4-3.1064)}{5(3.1064)} = 0.1151$$

以此为初值，利用数值计算 Newton – Raphson 方法得到迭代公式为：

$$i_{s+1} = i_s\left\{1 + \frac{(1+i_s)^n - 1 - ki_s}{(1+i_s)^{n-1}[1-i_s(n-1)]-1}\right\}$$

有：

$$i_1 = 0.1093$$

$$i_2 = 0.1094$$

$$i_3 = 0.1094$$

那么，乙银行的贷款利率近似为 10.94%，这时两种贷款等价。

一般地，若分期偿还形式的贷款与偿债基金形式的贷款等价，分期偿还的贷款利率 i' 与偿债基金贷款利率 i 及基金存款利率 j 有如下近似关系：

$$i' \approx i + \frac{1}{2}(i-j) \tag{4.20}$$

我们可根据模型和具体还款情况思考 $i' > i$（当 $i > j$）在实务中的解释。

【例 4 – 13】某小型企业向银行贷款 1000000 元，10 年期，年利率为 5%，采取偿债基金法偿还，每年末该企业支付相等的利息，同时往偿债基金账户中存入偿债本金，每年额度相同，偿债基金年利率为 4%，在第 10 年末，偿债基金积累值恰好为 1000000 元，计算第 5 年该企业支付的利息额与偿债基金所得利息额的差。

解：每年存入偿债基金的款项为：

$$D = \frac{1000000}{s_{\overline{10}|0.04}}$$

第 4 年末偿债基金额记为 SFB_4：

$$SFB_4 = D \times s_{\overline{4}|0.04} = \frac{1000000}{s_{\overline{10}|0.04}} s_{\overline{4}|0.04}$$

第 5 年末偿债基金所得利息为：

$$0.04 \times SFB_4 = \frac{1000000}{s_{\overline{10}|0.04}}[(1.04)^4 - 1] = \frac{1000000}{12.0061} \times (0.16986) = 14147.68 （元）$$

借款人支付利息为：

$0.05 \times 1000000 = 50000$ （元）

所求利息差为：

$50000 - 14147.68 = 35852.32$（元）

4.2.2 变额偿债基金

前述偿债基金中，借款人每期末向偿债基金存入的金额相同。本小节考虑存入金额不同的变额偿债基金，变额偿债基金允许借款人根据自身财务情况调整存入金额，尽管各期存款额不同，但在贷款期满时，偿还基金积累额要达到贷款本金数额。这是我们假定偿债基金每期存款额变化，各期的利息支付不变。

贷款额为 L，且 $i \neq j$。假设借款人每期还款支出为 R_1，R_2，$\cdots$，R_n，由于每次还款支出的偿还利息部分为 iL，存入偿债基金的部分即为 $R_k - iL$，$k = 1$，2，$\cdots$，n。因为偿债基金 n 期期末积累值要等于 L，所以有：

$$L = (R_1 - iL)(1+j)^{n-1} + (R_2 - iL)(1+j)^{n-2} + \cdots + (R_n - iL)$$

$$= \sum_{k=1}^{n} R_k(1+j)^{n-k} - iLs_{\overline{n}|j} \tag{4.21}$$

进而有：

$$L = \frac{\sum_{k=1}^{n} R_k(1+j)^{n-k}}{1 + is_{\overline{n}|j}} = \frac{\sum_{k=1}^{n} R_k v_j^k}{1 - ja_{\overline{n}|j} + ia_{\overline{n}|j}} \tag{4.22}$$

$$= \frac{\sum_{k=1}^{n} R_k v_j^k}{1 + (i-j)a_{\overline{n}|j}} \tag{4.23}$$

若 $R_k = 1$，则式（4.23）即为式（4.13）。

若 $i = j$，则由式（4.23），有：

$$L = \sum_{k=1}^{n} v^k R_k \tag{4.24}$$

式（4.21）中，我们假定 $R_k - iL > 0$，即每期向偿债基金存款 $R_k - iL$；若 $R_k - iL < 0$，表明借款人从偿债基金中取款以支付贷款利息。

在变额偿债基金的具体问题中，由已知条件使用上述公式进行具体分析即可。下面通过两个例题说明具体分析方法。

【例 4 - 14】小明向银行借款 100000 元，贷款期限为 30 年，且已知：（1）首次向偿债基金存入金额 X，存款时间为第 1 年末；（2）以后每年末向偿债基金存款比上年增加 100 元，直至第 20 年末，然后保持不变至第 30 年末；（3）贷款利息每年末支付；（4）贷款年利率为 5%，偿债基金存款年利率为 4%。求 X 及小明所有还款总额。

解： 根据偿债基金还款原理，有：

$$100000 = X(1.04)^{29} + (X+100)(1.04)^{28} + \cdots + (X+18\times100)(1.04)^{11} +$$
$$(X+19\times100)(1.04)^{10} + (X+19\times100)(1.04)^9 + \cdots +$$
$$(X+19\times100)(1.04)^0$$
$$= Xs_{\overline{30}|0.04} + 100(Is)_{\overline{29}|0.04} - 100(Is)_{\overline{10}|0.04}$$

从上式中解出 X：

$$X = \frac{100000 - 100(Is)_{\overline{29}|0.04} + 100(Is)_{\overline{10}|0.04}}{s_{\overline{30}|0.04}}$$

$$= 731.10 \ (\text{元})$$

小明每年还利息额为：

$$0.05 \times 100000 = 5000 \ (\text{元})$$

30 年共支付利息为：

$$30 \times 5000 = 150000 \ (\text{元})$$

30 年中偿债基金存款之和为：

$$X + X + 100 + \cdots + (X+1800) + (X+1900) \times 11$$
$$= 30X + 100 + 200 + \cdots + 1800 + 1900 \times 11$$
$$= 59932.91 \ (\text{元})$$

因此，小明还款总额为：

$$150000 + 59932.91 = 209932.91 \ (\text{元})$$

【例 4 – 15】 一笔贷款期限为 5 年，贷款利率为 10%，使用偿债基金法还款，偿债基金存款利率为 8%。如果借款人每年末还款金额（包括支付当期利息和向偿债基金存入金额）分别为 100 万元、200 万元、300 万元、400 万元、500 万元，计算该笔贷款本金。

解： 设贷款额为 L 万元，则每年需偿还的利息为 $0.10L$，每年向偿债基金存款分别为 $100 - 0.10L$、$200 - 0.10L$、$300 - 0.10L$、$400 - 0.10L$、$500 - 0.10L$。这些存款积累值可以分解为 100 万元的 5 年期递增年金与 $0.1L$ 万元等额年金之差，在第 5 年末积累值应达到借款额，从而有：

$$100(Is)_{\overline{5}|0.08} - 0.10Ls_{\overline{5}|0.08} = L$$

解出 L。由 $s_{\overline{5}|0.08} = 5.8666$，$(Is)_{\overline{5}|0.08} = (\ddot{s}_{\overline{5}|0.08} - 5)/0.08 = 16.6988$，有：

$$L = \frac{(Is)_{\overline{5}|0.08}}{1 + 0.10s_{\overline{5}|0.08}} = 1052.45 \ (\text{万元})$$

现在这个计算结果并不准确，因为每年还款利息为 105.25 万元，而其第 1

年还款总额为100万元，而第1年还款不足的部分作为贷款本金的增加，相当于不但借款人在第1年末向偿债基金存款为0，还从偿债基金账户透支5.25万元，透支利率8%小于贷款利率10%。贷款实务中，透支资金相当于增加的贷款额，应按10%的贷款利率计息，即将第1年末5.25万元的部分利息按10%贷款利率本金化。因此，这个计算结果不准确。

现在假设 L' 为考虑了本金化部分利息后的贷款额，则根据贷款余额计算的过去法，有：

$$B_1' = L'(1 + 0.10) - 100 = 1.10L' - 100$$

B_1' 包含了首年还款不足而本金化的贷款额，B_1' 的值要由后面4年的偿债基金存款来积累，则有：

$$B_1' = \frac{100(Is)_{\overline{4}|0.08} + 100s_{\overline{4}|0.08}}{1 + 0.1s_{\overline{4}|0.08}}$$

其中，由 $s_{\overline{4}|0.08} = 4.5061$，$(Is)_{\overline{5}|0.08} = 10.8325$，有：

$$B_1' = 1057.39 \text{（万元）}$$

进而可得到准确的贷款本金为：

$$L' = (B_1' + 100)/1.10 = 1052.17 \text{（万元）}$$

在〚例4-15〛中，偿债基金表如表4.9所示。由于需要考虑利息本金化问题，需要先计算第2年的贷款本金余额，然后才能得到其他各年的相关结果。第1年末所有还款都用于支付利息，所以向偿债基金存款为0。

表4.9 　　　　　　　　变额还款中的偿债基金表示例 　　　　　　单位：万元

期间	每次支出额	利息部分	存入基金部分	基金利息收入	偿债基金总额	净贷款余额
0						1052.17
1	100.000	100.000	0.000	0.000	0.000	1057.39
2	200.000	105.739	94.261	0.000	94.260	963.130
3	300.000	105.739	194.261	7.541	296.062	761.328
4	400.000	105.739	294.261	23.685	614.008	443.382
5	500.000	105.739	394.261	49.121	1057.390	0.000
总计	1500	522.96	977.044	768.64	—	—

在偿债基金法中，如果前面几期的还款额低于本金利息，就会出现利息本金化问题。这时，需要先确定本金化终止时的贷款本金余额，然后再进行相关计算。在还款金额递增的变额偿债基金中，这种问题经常出现。

习 题

1. 某人借款 10 万元，年利率 12%，采用分期还款方式，每年末还款 2 万元，剩余不足 2 万元的部分在最后一次 2 万元还款的下一年偿还。计算第 5 次偿还款后的贷款余额。

2. 小明借款 S，为期 10 年，年利率 8%，若他在第 10 年末一次性偿还贷款本利和，其中的利息部分要比分 10 年期均衡偿还的利息部分多 468.05 元，计算 S。

3. 一笔贷款每季末偿还一次，每次还款 1500 元，每年计息 4 次的年名义利率为 10%。若第 1 年末的贷款余额为 12000 元，计算最初贷款额。

4. 某人贷款 10000 元，为期 10 年，年利率为 i，按偿债基金方式偿还贷款，每年末支出款为 P，其中包括利息支出和偿债基金存款支出，偿债基金存款利率为 8%。若贷款利率为 $2i$，则该借款人每年需支出款增加为 $1.5P$，计算 i。

5. 某贷款期限为 15 年，每年末还款一次，前 5 次还款每次还 4000 元，中间 5 次还款每次还 3000 元，后 5 次还款每次还 2000 元，分别按过去法和未来法，给出第 2 次 3000 元还款之后的贷款余额表达式。

6. 一笔贷款按均衡偿还方式分期偿还，若 B_t，B_{t+1}，B_{t+2}，B_{t+3} 为 4 个连续期间的期末贷款余额，证明：

（1）$(B_t - B_{t+1})(B_{t+2} - B_{t+3}) = (B_{t+1} - B_{t+2})^2$；

（2）$B_t + B_{t+3} < B_{t+1} + B_{t+2}$。

7. 某人购买住房，贷款 100000 元，分 10 年偿还，每月末还款一次，年利率满足 $(1 + i)^4 = 1.5$。计算还款 40 次后的贷款余额。

8. 某可调利率的抵押贷款额为 23115 元，为期 10 年，每季末还款 1000 元，初始贷款利率为年计息 4 次的年名义利率 12%。在进行完第 12 次还款后，贷款利率上调为每年计息 4 次的年名义利率 14%，每季度末保持还款 1000 元，计算第 24 次还款后的贷款余额。

9. 某笔贷款分 20 年等额偿还，年利率为 9%，计算在哪一次偿还款中，偿还的利息部分最接近于偿还的本金部分。

10. 张某借款 1000 元，年利率为 i，计划在第 6 年末还款 1000 元，第 12 年末还款 1366.87 元。在第 1 次还款后第 3 年，他偿还了全部贷款余额，计算这次偿还额。

11. 某笔贷款为期 5 年，分期等额还款，每季末偿还一次，每年计息 4 次的年名义利率为 10%，若第 3 次还款中的本金部分为 1000 元，计算最后 5 次还款中的本金部分。

12. 借款人每年末还款额为 1，为期 20 年，在第 7 次还款时，该借款人额外偿还一部分贷款，额外偿还的部分等于原来第 8 次偿还款中的本金部分，若后面的还款照原来进行，直至贷款全部清偿，证明整个贷款期节省的利息为 $1 - v^{13}$。

13. 某笔贷款为期 35 年，分期等额偿还，每年末还款一次，第 8 次还款中的利息部分为 810 元，第 22 次还款中的利息部分为 648 元，计算第 29 次还款中的利息部分。

14. L、N 两笔贷款额相等，分 30 年偿还，年利率 4%，L 贷款每次还款额相等，N 贷款的 30 次还款中，每次还款所包含的本金部分相等，包含的另一部分是基于贷款余额所产生的利息，L 贷款的偿还款首次超过 N 贷款偿还款的时间 t，计算 t。

15. 一笔贷款为 250000 元，期限为 30 年，每月末分期偿还，每次偿还额比前一次偿还额多 0.2%，第 1 次还款额为 P，年利率为 5%，计算 P。

16. 一笔贷款为期 5 年，每半年末还款额为 1，每年计息 2 次的年名义利率为 i，计算第 8 次还款中的本金部分。

17. 小张每年末还款 30000 元。若第 3 次还款中的利息部分为 20000 元，每年计息 4 次的年名义利率为 10%，计算第 6 次还款中的本金部分。

18. 某投资人购买一种确定年金，每季末可得 500 元，共 10 年，年利率为 8%，计算该投资人的利息收入。

19. 小明购买住宅，价值 120 万元，贷款 60 万元，分期按月付款，为期 30 年。首次付款发生在购房第 1 月末，年利率为 5%。10 年后，每次付款额增加 1952.40 元，以便较快还完购房款，计算整个还款期间的利息支出。

20. 小李申请了一笔贷款，利率为每年 5%，每年末还款一次，共 10 年，首期还款为 2 万元，以后每期比前期增加 1000 元，计算第 5 次还款中的利息部分。

21. 小张借款 2 万元，年利率 10%，每年末还款一次，第 1 次还款额 4000 元，以后每次还款额比上次多 4%，最后的还款零头在最后一次规则还款的一年后偿还。计算：

（1）第 3 年末的贷款余额（还款后）；

（2）第 3 次还款中的本金部分。

22. 一笔贷款分 10 年期偿还，首期还款为 10，第 2 期为 9，依次递减，第 10 期还款为 1，证明第 6 期还款中的利息部分为 $5 - a_{\overline{5}|}$。

23. 小明借款 10 万元，为期 25 年，年利率 5%，采用偿债基金方式还款，偿债基金积累利率 4%，计算第 13 次还款中净利息与第 9 年偿债基金增长额之和。

24. 小张借款 10 万元，为期 10 年，年利率 5%，约定使用偿债基金还款。偿债基金存款利率为 3%，还款在每年末进行。在第 5 次还款前，贷款人要求小张一次性偿还贷款余额，计算小张在第 5 年末的总支出款（包括利息和本金）。

25. 小明借款 10 万元，年利率 10%，其偿债基金年存款利率为 8%。第 10 年末，偿债基金积累额为 5 万元，第 11 年末，小明的还款支出额为 15000 元。计算：

（1）第 11 次还款中的利息部分；

（2）第 11 次还款中的本金部分；

（3）第 11 年的净利息支出；

（4）第 11 年末的偿债基金积累额。

26. 证明：

$$a_{\overline{n}|i\&j} = \frac{s_{\overline{n}|j}}{1 + i s_{\overline{n}|j}}$$

27. 小张分 10 年偿还一笔贷款，该贷款年利率为 5%，每年还款 10000 元，贷款额的一半用分期偿还方式，另一半用偿债基金方式还款，偿债基金存款利率为 4%。计算该笔贷款的贷款额。

28. 小明每年末支付 36000 元偿还其贷款，共需还 31 年，贷款额为 40 万元，该笔贷款是按偿债基金法还款的，偿债基金积累利率为 3%，计算贷款利率。

29. 小李借款 10 万元，期限 20 年，使用偿债基金法还款，偿债基金存款利率为 3%。第 1 年末首次还款，其后每年年末还款额比上年增加 50 元，直至贷款期末。已知贷款年利率 5%。计算首期还款额。

第5章　债券及其定价理论

本章主要介绍债券的定价方法。债券属于固定收益类证券，在已知债券的基本信息和收益率的情况下，其定价方法较为简单；本章介绍了重要的基本公式、溢价/折价公式、基础金额公式、Makeham 公式，并讨论了债券在任意时点上的价格和账面值、到期收益率的确定等与此有关的问题。另外，本章介绍了债券市场中的创新产品，包括可转换债券、巨灾债券等以及它们的含义及定价原理。

5.1　引　　言

在现实生活中，个人或企业都有可能出现资金盈余，也都有可能出现资金短缺。资金短缺的一方需要通过出售债权或所有权进行融资，而资金盈余的一方则可以通过金融工具进行投资，为资金短缺的一方提供资金。

融资即资金融通，是指通过各种可行的方法使得资金融通的活动。广义融资是指资金在资金持有者之间互动的经济行为，不仅包括资金的融入，也包括资金的融出，体现了资金获取和资金运用两个方面。狭义融资是指资金的筹集，单指资金的获取过程，是融资主体根据自身的资金需求，经过科学的预测和决策，通过一定的渠道和方式，从资金盈余一方将资金融进本主体，从而满足自身经营需要的过程。综上所述，融资是融资主体根据资金余缺进行的资金流通，是建立在货币信用上的客观体现。

金融市场（financial market）就是实现资金从盈余者向短缺者流动的市场。金融市场可以从不同角度进行分类，这些分类概括了金融市场的基本结构和主要功能。例如，金融市场可以分为债务市场和股权市场，它们分别代表了企业或个人可以从金融市场获得资金的两种方式。在债务市场上，借款人通过发行债券获得资金，而在股权市场上，企业通过发行股票获得资金。与债券持有人相比，股票持有人是对公司剩余权益的要求者，也就是说，公司必须先偿还债券持有人，然后才对股票持有人进行支付。

金融市场还可以分为一级市场（primary market）和二级市场（secondary market）。一级市场是发行新证券并将其出售给初始购买者的金融市场，通常在内部进行，公众并不知晓。在一级市场上，协助证券初始销售的金融机构是投资银行（investment bank）。二级市场是再次出售已发行证券的金融市场，如证券交易所。二级市场的主要功能是提供流动性和发现证券价格。没有流动性或流动性不足的证券很难吸引投资者。投资者在二级市场上的证券交易价格可以为一级市场上的证券定价提供参考依据。

随着金融市场的不断完善，出现了种类繁多的金融工具，如债券、股票和各种金融衍生工具等。

5.1.1　债券

债券（bond）是投资者向政府、公司或金融机构提供资金的债权债务合同，该合同载明了债券发行人在指定日期向债券持有人支付利息并在到期日偿还本金的承诺。债券的利率水平由债券市场决定，是债券发行人支付的融资成本。

5.1.1.1　债券的要素

尽管债券种类众多，但是其在内容上都要包含一些基本的要素。这些要素是指发行的债券上必须载明的基本内容，是明确债权人和债务人权利与义务的主要约定，具体包括以下几种。

（1）债券面值。债券面值是指债券的票面价值，是发行人对债券持有人在债券到期后应偿还的本金数额，也是企业向债券持有人按期支付利息的计算依据。债券的面值与债券实际的发行价格并不一定一致，发行价格大于面值称为溢价发行，发行价格小于面值称为折价发行，等价发行称为平价发行。

（2）偿还期。债券偿还期是指企业债券上载明的偿还债券本金的期限，即债券发行日至到期日之间的时间间隔。公司要结合自身资金周转状况及外部资本市场的各种影响因素来确定公司债券的偿还期。

（3）付息期。债券的付息期是指企业发行债券后的利息支付的时间。它可以是到期一次性支付，或 1 年、半年、3 个月支付一次。在考虑货币时间价值和通货膨胀因素的情况下，付息期对债券投资者的实际收益有很大影响。到期一次付息的债券，其利息通常是按单利计算的；而年内分期付息的债券，其利息是按复利计算的。

（4）票面利率。债券的票面利率是指债券利息与债券面值的比率，是发行人承诺以后一定时期支付给债券持有人报酬的计算标准。债券票面利率的确定主要受银行利率、发行者的资信状况、偿还期限和利息计算方法以及当时资金市场上资金供求情况等因素的影响。

（5）发行人名称。发行人名称指明债券的债务主体，为债权人到期追回本金和利息提供依据。

上述要素是债券票面的基本要素，但在发行时并不一定全部在票面上印制出来，例如，在很多情况下，债券发行者是以公告或条例形式向社会公布债券的期限和利率。

5.1.1.2 债券的特征

债券作为一种债权债务凭证，与其他有价证券一样，也是一种虚拟资本，而非真实资本，它是经济运行中实际运用的真实资本的证书。债券作为一种重要的融资手段和金融工具具有以下特征。

（1）偿还性。偿还性是指债券有规定的偿还期限，债务人必须按期向债权人支付利息和偿还本金。

（2）流动性。流动性是指债券持有人可按需要和市场的实际状况，灵活地转让债券，以提前收回本金和实现投资收益。

（3）安全性。安全性是指债券持有人的利益相对稳定，不随发行者经营收益的变动而变动，并且可以按期收回本金。

（4）收益性。收益性是指债券能为投资者带来一定的收入，即债券投资的报酬。在实际经济活动中，债券收益可以表现为三种形式：一是投资债券可以给投资者定期或不定期地带来利息收入；二是投资者可以利用债券价格的变动，买卖债券赚取差额；三是投资债券所获现金流量再投资的利息收入。

5.1.1.3 债券的分类

债券可以从不同的角度进行分类，具体如下。

（1）按发行主体分类。

政府债券：政府债券是政府为筹集资金而发行的债券，主要包括中央政府债券（又称国债）、地方政府债券等，其中最主要的是中央政府债券。中央政府债券因其信誉好、利率优、风险小而被称为"金边债券"。

金融债券：金融债券是由银行和非银行金融机构发行的债券。目前，我国金融债券主要由国家开发银行、进出口银行等政策性银行发行。

公司（企业）债券：公司（企业）债券是公司（企业）依照法定程序发行，约定在一定期限内还本付息的债券。公司债券的发行主体是股份公司，但也可以是非股份公司的企业发行债券。因此，一般归类时，公司债券和企业发行的债券合在一起，可直接称为公司（企业）债券。

（2）按付息方式分类。

零息债券（zero-coupon bond）：零息债券又称贴现债券（discount bond），是一种以低于面值的贴现方式发行。贴现债券指债券券面上不附有息票，发行时按规定的折扣率，以低于债券面值的价格发行，到期按面值支付本息的债券。发行价格与面值的差额就是投资者获得的利息收入。付息特点一是利息一次性支付，二是债券到期时支付。

附息债券（bond with coupons）：附息债券指债券券面上附有息票的债券，是按照债券票面载明的利率（又称息票率）及支付方式支付利息的债券。息票上标有利息额、支付利息的期限和债券号码等内容。持有人可从债券上剪下息票，并据此领取利息。附息债券的持有人不仅可以在债券到期时收回本金（面值），还可以定期获得固定的息票收入。息票收入是债券面值与息票率的乘积。附息国债的利息支付方式一般是在偿还期内按期付息，如每半年或一年付息一次。

（3）按利率确定方式分类。

固定利率债券：固定利率债券指在发行时规定利率在整个偿还期内不变的债券。

浮动利率债券：浮动利率债券是与固定利率债券相对应的一种债券，它是指发行时规定债券利率随市场利率定期浮动的债券，其利率通常根据市场基准利率加上一定的利差来确定。浮动利率债券往往是中长期债券。由于利率可以随市场利率浮动，采取浮动利率债券形式可以有效地规避利率风险。

（4）按偿还期限分类。

长期债券：偿还期限在 10 年以上的债券一般称为长期债券。

中期债券：偿还期限在 1 年或 1 年以上、10 年以下（包括 10 年）的债券一般称为中期债券。

短期债券：偿还期限在 1 年以下的债券一般称为短期债券。

（5）按募集方式分类。

公募债券：公募债券指按法定手续，经证券主管机构批准在市场上公开发行的债券。这种债券的认购者可以是社会上的任何人。发行者一般有较高的信誉。除政府机构、地方公共团体外，一般企业必须符合规定的条件才能发行公募债券，并且要求发行者必须遵守信息公开制度，向证券主管部门提交有价证券申报书，以保护投资者的利益。

私募债券：私募债券指以特定的少数投资者为对象发行的债券，发行手续简单，一般不能公开上市交易。

（6）按担保性质分类。

有担保债券（mortgage bonds）：有担保证券又称为抵押支持债券，是指以特殊财产作为担保品而发行的债券。一旦债券发行人违约，信托人就可将担保品变卖处置，以保证债权人的优先求偿权。

无担保债券（debenture bonds）：无担保债券又称为信用债券，是指不提供任何形式的担保，仅凭筹资人信用发行的债券。政府债券属于此类债券。这种债券由于其发行人的绝对信用而具有坚实的可靠性。除此之外，一些公司也可发行这种债券，即信用公司债券。与有担保债券相比，无担保债券的持有人承担的风险较大，因而往往要求较高的利率。但为了保护投资人的利益，发行这种债券的公司往往受到种种限制，只有那些信誉卓著的大公司才有资格发行。

（7）特殊类型的债券。

可赎回债券：可赎回债券是指在债券到期前，发行人可以以事先约定的赎回价格收回的债券。公司发行可赎回债券主要是考虑到公司未来的投资机会和回避利率风险等问题，以增加公司资本结构调整的灵活性。发行可赎回债券的关键问题是赎回期限和赎回价格的制定。

系列债券：系列债券是在发行时就安排成有规定数额的本金在到期日之前的特定日期偿还的债券。发行者不愿意在将来某一特定时间内偿还大笔的本金，而希望将本金的支付分散在一段期限内。

可转换债券：可转换债券是指在特定时期内可以按某一固定的比例转换成普通股的债券，它具有债务与权益双重属性，属于混合性筹资方式。由于可转换债券赋予债券持有人将来成为公司股东的权利，因而其利率通常低于不可转换债券。若将来转换成功，在转换前发行企业达到了低成本筹资的目的，转换后又可以节省股票的发行成本。根据《中华人民共和国公司法》的规定，发行可转换债券应由国务院证券管理部门批准，发行公司应同时具备发行公司债券和发行股票的条件。

巨灾债券：巨灾债券（catastrophe bonds）是通过发行收益与指定的巨灾损失相连结的债券，将保险公司部分巨灾风险转移给债券投资者。在资本市场上，需要通过专门中间机构（SPRVS）来确保巨灾发生时保险公司可以得到及时的补偿，以及保障债券投资者获得与巨灾损失相连结的投资收益。其重要条件是有条件的支付，即所谓的赔偿性触发条件和指数性触发条件。巨灾债券公开发行后，未来债券本金及债息的偿还与否完全根据巨灾损失发生情况而定，即买卖双方通过资本市场债券发行的方式，一方支付债券本金作为债券发行的承购，另一方约定按期支付高额的债息给对方，并根据未来巨灾损失发生与否，作为后续付息与否以及期末债券清偿与否的根据。

5.1.2　股票

股权融资按股票类型有两大类：普通股和优先股。

（1）普通股是享有普通权利、承担普通义务的股份，是公司股份的最基本形式。普通股的股东对公司的管理、收益享有平等权利，根据公司经营效益分红，风险较大。在公司的经营管理、盈利及财产的分配上享有普通权利的股份，代表满足所有债权偿付要求及优先股东的收益权与求偿权要求后对企业盈利和剩余财产的索取权。它构成公司资本的基础，是股票的一种基本形式，也是发行量最大、最为重要的股票。目前，在上海和深圳证券交易所中交易的股票，都是普通股。

（2）优先股是相对于普通股而言的，主要指在利润分红及剩余财产分配的权利方面，优先于普通股的股票。优先股股东没有选举权及被选举权，一般来说对公司的经营没有参与权，优先股股东不能退股，只能通过优先股的赎回条款被公司赎回，但是能稳定分红的股份。

5.2　债券的定价原理

影响债券价格的因素很多，如市场利率、发行人的信誉、债券的特定条款和税收待遇等。本节将忽略其他影响因素，主要分析债券的理论价格与市场利率之间的关系。为了方便，先作如下假设。

（1）债券发行人在规定日期肯定偿还债务，暂不考虑债券发行人不能按期还债的可能，即不考虑债券的信用风险。

（2）债券有固定的到期日，暂不考虑无固定到期日的债券。

（3）债券价格是指某票息支付日刚刚支付票息后的价格，暂不考虑相邻两个票息支付日之间某个日期的债券价格。

表 5.1 给出了本章使用的符号及其说明。

表 5.1　　　　　　　　　　**债券定价公式中的符号及其说明**

符号	含义
P	债券的价格（price）
F	债券的面值（face value），印在债券上，即债券到期时支付给债券持有人的金额，又称为票面价值或到期值

符号	含义
C	债券的赎回值（redemption value），即在债券赎回日支付给债券持有人的货币额（currency amount）。由于债券一般在到期日以面值赎回，因而 C 经常等于 F。但也有例外，例如，当债券提前赎回时，C 可能不等于债券的面值 F
r	债券的息票率（coupon rate），是用于计算债券每次支付的息票收入。支付频率：美国通常为半年一次，欧洲通常为一年一次，我国中长期债券为一年一次
rF	息票额，是投资者按期收到的债券利息，等于息票率 r 与债券面值 F 的乘积
g	债券的修正息票率，是单位赎回值中的息票额，即为债券的息票收入 rF 与赎回值 C 的比值，$g = rF/C$。因此，债券的息票收入也可以表示为 gC，即 $gC = rF$。若债券以面值赎回时，$g = r$
i	债券的到期收益率（yield to maturity），是投资者持有债券直至赎回或到期后实际获得的收益率，也可以理解为市场利率或投资者购买债券所要求的收益率。除非特别指出，都认为 i 与 r 的计息频率相同，并假设 i 是常数
n	从债券计算日至债券到期日或赎回日，息票支付次数
i_c	债券的当期收益率（current yield），是息票收入与债券价格之比，即 $i_c = rF/P$，可以看作债券到期收益率 i 的近似结果。由于当期收益率易于计算，在财经媒体上使用较多

在发行债券的条款中，F、C、r、g、n 都是已知的，债券到期前这些参数都不变，它们决定了债务人未来的偿付额。而 P 和 i 在债券到期前都可以变化，它们的变化方向相反。债券收益率随金融市场上同类债券现行利率上下波动。因此，波动的市场利率将导致债券价格的波动。下面给出债券价格的几种计算方法。

5.2.1 基本公式

从理论上讲，债券的价格应该等于债券未来现金流入的现值。债券的未来现金流入包括两个部分：周期性支付的息票额和最终赎回值。因此，债券的价格应该等于未来各期息票收入现值与债券赎回值现值之和，即债券定价的基本公式可以表示为：

$$P = \sum_{t=1}^{n} rF \times v^t + C \times v^n = rFa_{\overline{n}|i} + Cv^n \tag{5.1}$$

其中，利息函数（如 $a_{\overline{n}|}$ 和 v^n）按收益率 i 计算。

下面分析到期收益率 i 对债券价格 P 的影响，求式（5.1）关于 i 的一阶导数和二阶导数，可得：

$$\frac{\mathrm{d}P}{\mathrm{d}i} = -\left(\sum_{t=1}^{n} rFtv^{t+1} + Cnv^{n+1} \right) < 0$$

$$\frac{\mathrm{d}^2 P}{\mathrm{d}i^2} = \sum_{t=1}^{n} rFt(t+1)v^{t+2} + Cn(n+1)v^{n+2} > 0$$

一阶导数小于零，说明债券价格 P 是到期收益率 i 的减函数。也就是说，对于给定的债券，到期收益率越高，债券的价格越低。二阶导数大于零，说明随着到期收益率的增加，债券价格的下降速度逐步放缓。债券的这种特性有利于投资者防范利率风险。

以 30 年期债券为例，债券面值为 1000 元，到期日赎回值与面值相等，利息每年支付一次，息票率 $r = 5\%$，该债券的价格与到期收益率的关系如图 5.1 所示。

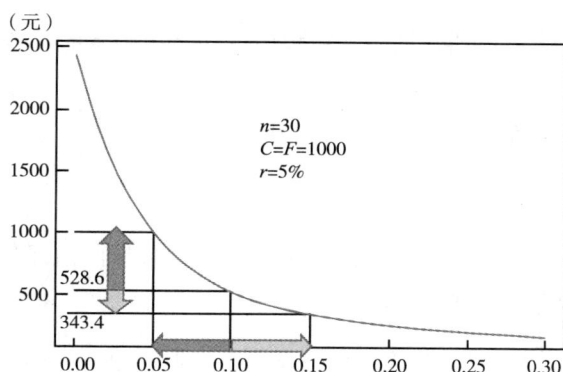

图 5.1　债券价格与到期收益率的关系

$P(i) = 50a_{\overline{30}|i} + 1000v^{30}$，$i$ 增加时，P 下降缓慢；i 减小时，P 上升较快。

因此，债券的到期收益率越高，价格越低。而由当期收益率的定义 $i_c = \dfrac{rF}{P}$ 可知，债券的价格越低，当期收益率越高。所以，当期收益率与到期收益率总是同向变化的。

【例 5 – 1】当债券的面值等于偿还值，且按面值发售时，债券的到期收益率等于息票率，即 $i = r$。

解： 由题意可知，$P = C = F$，则由债券定价的基本式（5.1）可知：

$$F = rFa_{\overline{n}|i} + Fv^n$$

上式变形即：

$$r = \frac{1 - v^n}{a_{\overline{n}|i}} = i$$

【例 5 – 2】假设债券的面值为 1000 元，到期按面值偿还，年息票率为 9%，到期收益率为 10%。当债券的到期期限分别为 1 年、5 年、10 年、20 年和 30 年时，债券的当期收益率分别为多少？

解： 债券每年末的息票收入为 90 元，应用式（5.1），当债券的到期期限为 1 年时，债券的价格为：

$$P = 90a_{\overline{1}|0.1} + 1000 \times (1 + 0.1)^{-1} = 990.91 （元）$$

债券的到期期限为 1 年时的当期收益率为：

$$i_c = \frac{rF}{P} = \frac{90}{P} = 9.08\%$$

类似可以求得，在其他几种情况下，债券的价格分别为 962.09 元、938.55 元、914.86 元和 905.73 元；相应的当期收益率分别为 9.35%，9.59%，9.84% 和 9.94%。可见，随着债券到期期限的延长，债券的当期收益率趋近于到期收益率 10%。

【例 5 - 3】 证明：当债券期限无穷大时，即当 $n \to \infty$ 时，当期收益率等于到期收益率，即 $i_c = i$。

证明：在债券定价的基本式（5.1）中，当 $n \to \infty$ 时，有 $Cv^n \to 0$，$a_{\overline{n}|i} \to 1/i$，所以有 $P = \frac{rF}{i}$。因此，$i = rF/P = i_c$。

【例 5 - 4】 证明：当债券的面值等于偿还值，且按面值发售时，债券的当期收益率等于到期收益率，即 $i_c = i$。

证明：由 $i_c = \frac{rF}{P}$ 和 $P = F$，可得 $i_c = r$，由〖例 5 - 1〗可知，当 $P = C = F$ 时，$i = r$。因此，$i_c = i$。

综上所述，如果债券的赎回值等于面值，则当债券的价格等于其面值时，当期收益率 i_c 和到期收益率 i 都等于债券的息票率 r。由此可以归纳出当期收益率的一般特征：债券的价格越接近面值，且期限越长，则当期收益率越接近到期收益率。

基本公式法是计算债券价格最常用的方法，后续其他计算方法（如下面将要介绍的溢价/折价公式、基价公式、Makeham 公式）是基本公式法的变形。

5.2.2 溢价/折价公式

由债券的修正息票率定义可知，债券的息票收入 $rF = gC$；另外，由 $a_{\overline{n}|} = \frac{1 - v^n}{i}$，可得 $v^n = 1 - ia_{\overline{n}|i}$。因此，债券定价的基本式（5.1）可变形为：

$$\begin{aligned} P &= rFa_{\overline{n}|i} + C(1 - ia_{\overline{n}|i}) \\ &= C + (rF - Ci)a_{\overline{n}|i} \\ &= C + C(g - i)a_{\overline{n}|i} \end{aligned} \tag{5.2}$$

式（5.2）称为溢价/折价公式。

当债券的价格 P 超过其赎回值 C 时，就称该债券为溢价发行，P 与 C 的差额称为溢价额，即溢价额为：

溢价额 $= P - C = C(g - i)a_{\overline{n}|i} > 0$

可以看出，债券是溢价发行的，等价于修正息票率 g 大于到期收益率 i。当修正息票率 g 等于到期收益率 i 时，溢价为零，债券价格等于赎回值。

当债券的价格 P 低于其赎回值 C 时，则称该债券为折价发行，C 与 P 的差额称为折价额，即折价额为：

折价额 $= C - P = C(i - g)a_{\overline{n}|i} > 0$

折价事实上就是负的溢价。债券是折价发行的，等价于修正息票率 g 小于到期收益率 i。

债券价格取决于各期息票的现值和赎回值的现值。由于债券买价经常低于或高于赎回值，因而在赎回日投资者会有利润（等于折价）或亏损（等于溢价）。该利润或亏损在计算到期收益时就反映在债券收益率中。在这种情况下，息票额不能完全看成投资者的利息收益，而应将每期息票分成利息收入和本金调整两个部分。

用这种方法将债券价值从购买日的买价连续地调整到赎回日的赎回值。这些调整后的债券价值称为债券的账面值（book value）。账面值提供的是一系列合理而平滑的债券价值，很多投资者如保险公司和养老基金都在财务报表中用来反映债券资产的价值。需要注意的是，债券购买后的账面值不同于在市场上重新购买该债券的购买价格。市场上的债券价格随现行利率的变化而变化。而账面值是按购买时确定的收益率计算出来的一个平滑的数列。

设从购买日起 t 期后债券的账面值为 V_t。债券在购买日的账面值就是债券的价格，即债券在购买日的账面值为：

$V_0 = P = C[1 + (g - i)a_{\overline{n}|i}]$

下面来看债券在 t 期期末的账面值 V_t 是如何计算的。应用未来法，债券在 t 期期末的账面值 V_t 就是其未来息票收入和偿还值在第 t 年末的现值，可以表示为：

$$\begin{aligned}
V_t &= rFa_{\overline{n-t}|i} + Cv^{n-t} \\
&= gCa_{\overline{n-t}|i} + Cv^{n-t} \\
&= C[ga_{\overline{n-t}|i} + 1 - ia_{\overline{n-t}|i}] \\
&= C[1 + (g - i)a_{\overline{n-t}|i}]
\end{aligned} \tag{5.3}$$

应用过去法，债券在 t 期期末的账面值 V_t 就是债券的购买价格 P 在第 t 年末的累积值减去已付息票收入在第 t 年末的累积值，即：

$$V_t = P(1+i)^t - rF \times s_{\overline{t}|i}$$

可以证明，应用过去法计算的账面值经过变形，等价于应用未来法计算的账面值：

$$
\begin{aligned}
V_t &= P(1+i)^t - rF \times s_{\overline{t}|i} \\
&= (rFa_{\overline{n}|i} + Cv^n)(1+i)^t - rF \times a_{\overline{t}|i}(1+i)^t \\
&= rF(a_{\overline{n}|i} - a_{\overline{t}|i})(1+i)^t + Cv^{n-t} \\
&= rFa_{\overline{n-t}|i} + Cv^{n-t}
\end{aligned} \tag{5.4}
$$

债券在各期末的账面值存在递推关系，即上一期的账面值按照到期收益率 i 累积一个时期，再减去当期的息票收入，即得下一期的账面值：

$$V_t = V_{t-1}(1+i) - rF \tag{5.5}$$

当债券的溢价为零时（即 $P=C$），修正息票率 g 等于到期收益率 i，由式（5.3）可知，债券的账面值恒等于 C，此时没有必要逐期调整账面值。因此，债券持有人每期应得的利息收入 iC 就等于息票收入 gC，即 $iC=gC$。

当债券的溢价不为零时，投资者在每期应得的利息收入不等于息票收入。此时，投资者在每期获得的息票收入可以分解为两个部分：一部分是应得利息收入；另一部分是对其溢价购买债券的分摊金额，即溢价分摊（amortization of premium）。换言之，溢价分摊等于息票收入减去投资者应得利息收入，而投资者应得利息收入等于上期期末（即本期期初）的账面值与到期收益率的乘积。

例如，投资者在第 t 期期末可以获得的息票收入为 rF，而应得的利息收入是期初账面值与到期收益率的乘积 $i \times V_{t-1}$，所以第 t 期的溢价分摊为 $rF - i \times V_{t-1}$。

从式（5.5）可以看出，溢价分摊正好等于上期末的账面值与本期末的账面值之差，即 $V_{t-1} - V_t$。如果用前述溢价公式表示账面值，应用式（5.5），则溢价分摊也可以表示为 $V_{t-1} - V_t = C(g-i)v^{n-t+1}$。

溢价分摊过程表示投资者在购买债券时支付的溢价金额将逐期分摊到息票收入中，从而使得投资者每期获得的息票收入超过其应得利息收入。在债券到期时，溢价金额将全部分摊完毕，债券的账面值将等于其赎回值。

因此，当债券按溢价发行时，投资者的账面值是逐期调整的，从期初的购买价 P 一直调整到赎回值 C。

对于折价出售的债券，上述结论仍然成立。因为折价可以看作负的溢价，相应地，溢价分摊就变成了折价累积（accumulation of discount）。也就是说，投资者在购买债券时获得的折价金额将逐期从息票收入中得到累积，即投资者每期获得的息票收入将小于其应得利息收入。在债券到期时，折价金额累计完毕，债券的账面值将等于其偿还值。

现举例说明，假定某债券的赎回值 C 为 1，息票额为 g，买价为 $1+p$（p 可正可负）。第 t 期息票中的利息收入为 I_t，本金调整为 P_t。

先看第一息票期，期初债券账面值为：

$$V_0 = 1 + p = 1 + (g - i)a_{\overline{n}|i}$$

到了期末基于期初账面值的第一期利息收入为：

$$I_1 = iV_0 = i[1 + (g - i)a_{\overline{n}|i}]$$

息票额减第一期利息收入等于第一期本金调整：

$$P_1 = g - i[1 + (g - i)a_{\overline{n}|i}] = (g - i)(1 - ia_{\overline{n}|i}) = (g - i)v^n$$

进一步可知：

$$V_1 = V_0(1 + i) - g = V_0 - (g - i)v^n = V_0 - P_1$$

因此，期末账面值等于期初账面值减本期的本金调整，进一步化简可得：

$$V_1 = V_0 - P_1 = 1 + (g - i)a_{\overline{n-1}|i}$$

以后各期以此类推，如表 5.2 所示。

表 5.2   **某债券各期的息票、利息收入等**

期次	息票	利息收入 I_t	本金调整 P_t	账面值 V_t
0				$1 + p = 1 + (g - i)a_{\overline{n}|i}$
1	g	$i[1 + (g - i)a_{\overline{n}|i}]$	$(g - i)v^n$	$1 + (g - i)a_{\overline{n-1}|i}$
2	g	$i[1 + (g - i)a_{\overline{n-1}|i}]$	$(g - i)v^{n-1}$	$1 + (g - i)a_{\overline{n-2}|i}$
...	...	...	...	...
t	g	$i[1 + (g - i)a_{\overline{n-t+1}|i}]$	$(g - i)v^{n-t+1}$	$1 + (g - i)a_{\overline{n-t}|i}$
...	...	...	...	...
$n-1$	g	$i[1 + (g - i)a_{\overline{2}|i}]$	$(g - i)v^2$	$1 + (g - i)a_{\overline{1}|i}$
n	g	$i[1 + (g - i)a_{\overline{1}|i}]$	$(g - i)v$	1
合计	ng	$ng - p$	$(g - i)a_{\overline{n}|i} = p$	

由表 5.2 可以看出：第一，本金调整栏之和等于 p；第二，利息收入栏之和等于票息栏之和减本金调整栏之和；第三，本金调整栏是一个公比为 v 的等比数列。

溢价购买的债券（$p > 0$），账面值 V_t 将逐期调低，该过程为溢价分摊，这时的本金调整额为溢价分摊额。折价购买的债券（$p < 0$），账面值将逐期调高，该过程为折价累积，这时的本金调整额为折价积累额。表 5.2 中 $C = 1$，若 $C \neq 1$，则表中各值都乘以 C 即可。

例如，溢价购买的债券，面值 1000 元，期限 2 年，息票率为每年计息两次的年名义利率 8%，收益率为每年计息两次的年名义利率 6%，则债券买价为：

$$P = C\left[1 + (g - i)a_{\overline{n}|i}\right] = 1000\left[1 + \left(\frac{8\%}{2} - \frac{6\%}{2}\right)a_{\overline{4}|3\%}\right] \approx 1037.171 \text{（元）}$$

$$V_0 = P = 1037.171 \text{（元）}$$

每半年票息为：$rF = Cg = 1000 \times \dfrac{8\%}{2} = 40$（元）

第一期利息收入为：$I_1 = iV_0 = \dfrac{6\%}{2} \times 1037.171 \approx 31.12$（元）

第一期本金调整为：$P_1 = Cg - I_1 = 40 - 31.12 = 8.88$（元）

第一期末账面值为：$V_1 = V_0 - P_1 = 1037.17 - 8.88 = 1028.29$（元）

以后各期以此类推，如表5.3所示。

表5.3　　　　　　　　　溢价债券各期的息票、利息收入等　　　　　　　单位：元

期次（半年）	息票	利息收入	溢价分摊额	账面值
0				1037.17
1	40.00	31.12	8.88	1028.29
2	40.00	30.85	9.15	1019.14
3	40.00	30.57	9.43	1009.71
4	40.00	30.29	9.71	1000.00
合计	160.00	122.83	37.17	

再如，折价购买的面值1000元的2年期债券，息票率为每年计息两次的年名义利率8%，收益率为每年计息两次的年名义利率10%，则债券买价为：

$$P = C\left[1 + (g - i)a_{\overline{n}|i}\right] = 1000 \times \left[1 + \left(\frac{8\%}{2} - \frac{10\%}{2}\right)a_{\overline{4}|5\%}\right] \approx 946.54 \text{（元）}$$

$$V_0 = P = 964.54 \text{（元）}$$

每半年票息为：

$$rF = Cg = 40 \text{（元）}$$

由此，可得表5.4。

表5.4　　　　　　　　　折价债券各期的息票、利息收入等　　　　　　　单位：元

期次（半年）	息票	利息收入	溢价分摊额	账面值
0				964.54
1	40.00	48.23	8.23	972.77
2	40.00	48.64	8.64	981.41
3	40.00	49.07	9.07	990.48

续表

期次（半年）	息票	利息收入	溢价分摊额	账面值
4	40.00	49.52	9.52	1000.00
合计	160.00	195.46	35.46	

用偿债基金的方法也可建立类似的表。例如，表 5.3 可以看成投资者投资 1037.17 元，每半年有利息 31.12 元，有 40 − 31.12 = 8.88（元）存入偿债基金以偿还债券溢价。若偿债基金的利率为债券的收益率，则第 2 年末偿债基金余额 = $8.88 s_{\overline{4}|3\%}$ = 8.88 × 4.1836 = 37.15（元），恰好是溢价额（有 0.02 四舍五入带来的误差）。同样地，对于表 5.4，由于 $8.23 s_{\overline{4}|5\%}$ = 35.47（元），恰好是折价额（有 0.01 的误差），这种情况下的偿债基金是负的。

【例 5 – 5】 面值 1000 元的 2 年期债券、息率为每计息两次的年名义利率 8%、收益率为每年计息两次的年名义利率 6%，若投资者可以通过利率为每年计息两次的年名义利率 5% 的偿债基金来偿还资本部分，求债券的价格。

解： 因 $i < g$，故债券将为溢价发行，半年票息为 Cg，利息收入为 iP，两者之差（$Cg - iP$）存入偿债基金，债券到期时，偿债基金积累额等于溢价，即：

$$(Cg - iP) s_{\overline{4}|2.5\%} = P - C$$

其中，j 为偿债基金利率，$j = \dfrac{5\%}{2} = 2.5\%$。整理得：$s_{\overline{4}|2.5\%}$。

$$P = \frac{C(1 + g s_{\overline{n}|j})}{1 + i s_{\overline{n}|j}} = \frac{1000 \times \left(1 + \dfrac{8\%}{2} s_{\overline{4}|2.5\%}\right)}{1 + \dfrac{6\%}{2} s_{\overline{4}|2.5\%}} \approx 1036.93 \text{（元）}$$

5.2.3　基础金额公式

债券的基础金额（或基价）是投资者为了获得与息票收入 rF 相等的周期性收益所必需的投资额。记债券的基础金额为 G。也就是说，债券的基础金额 G 如果按收益率 i 投资，每期产生的利息收入将等于债券的息票收入，即 $iG = rF$。应用债券的基价容易求得债券的到期收益率为：

$$到期收益率\ i = \frac{息票收入\ rF}{债券的基价\ G}$$

债券定价的基础金额公式（或称基价公式）可以表示为：

$$P = iG a_{\overline{n}|i} + C v^n = G + (C - G) v^n \tag{5.6}$$

对于式（5.6）可以进行如下解释：投资者若将基价 G 按收益率 i 投资 n 年，每年末可以获得与息票收入 rF 相等的周期性收益（即 $iG = rF$），到期时还可以获

得 G 元的偿还值（本金）。投资者若将 P 元用于购买 n 年期债券，每年末可以获得周期性的息票收入 rF，到期时还可以获得 C 元的偿还值。由此可见，投资者购买债券可以在到期时多获得 $(C-G)$ 元的偿还值。这个偿还值的现值为 $(C-G)v^n$，因此，投资者购买债券的价格 P 应该比基价 G 多支付 $(C-G)v^n$ 元。

【例 5-6】假设债券的面值为 1000 元，期限为 5 年，年息票率为 8%，每年末支付一次利息，到期时按面值偿还。如果债券的到期收益率为 9%，应用基价公式计算债券的价格。

解：债券的基价 G 是为了获得与息票收入相等的收益而必需的投资额，即 $iG=rF$。因此，本例的基价为 $G=80/0.09=888.89$（元），则：

$$P = G + (C-G)v^n = 888.89 + (1000-888.89) \times 1.09^{-5} = 961.10 \text{（元）}$$

5.2.4 Makeham 公式

Makeham 公式主要用于分期偿还债券的定价。令偿还值的现值为 $K=Cv^n$，由于息票收入 $rF=gC$，将其代入式（5.1），则 Makeham 公式可以表示为：

$$P = gCa_{\overline{n}|i} + Cv^n = gC\frac{1-v^n}{i} + Cv^n = \frac{g}{i}(C-K) + K \tag{5.7}$$

在式（5.7）中，K 是债券偿还值 C 的现值，而债券的价格是偿还值的现值与息票收入的现值之和，所以 $\frac{g}{i}(C-K)$ 就是未来息票收入的现值。如果债券的修正息票率 g 与债券的到期收益率 i 相等，则息票收入的现值就成为 $(C-K)$，从而债券的价格 P 就等于债券的偿还值 C。

【例 5-7】某债券的面值为 1000 元，年度息票率为 5%，从第 6 年末开始，发行人每年末偿还 205 元，直至第 10 年末还清。假设债券的到期收益率为 6%，计算该债券的价格。

解：这是一种分期偿还债券，该债券的现金流如表 5.5 所示。

表 5.5　　　　　　　分期偿还债券的息票收入和偿还值　　　　　单位：元

年度	0	1	2	3	4	5	6	7	8	9	10
息票收入		50	50	50	50	50	50	40	30	20	10
偿还值							205	205	205	205	205

由于从第 6 年末开始，债券被分解成 5 次等额偿还，每次偿还 1/5，所以在计算下一期的息票收入时应该扣除已经偿还的面值。例如在第 6 年末，面值被偿还 1/5 以后，还剩余 800 元，所以第 7 年末的息票收入为 $800 \times 5\% = 40$（元）。

以后各年以此类推。

对于分期偿还债券，其价格的计算完全可以应用前面介绍的基本原理进行，对于本例的债券，如果到期收益率为 6%，则偿还值的现值为：

$$205v^5 a_{\overline{5}|0.06} = 205 \times 1.06^{-5} \times \frac{1 - 1.06^{-5}}{0.06} = 645.28 \text{（元）}$$

未来息票收入的现值为：

$$50a_{\overline{5}|0.06} + 10v^5 (Da)_{\overline{5}|0.06}$$

$$= 50 \times a_{\overline{5}|0.06} + 10 \times 1.06^{-5} \times \frac{5 - a_{\overline{5}|0.06}}{0.06}$$

$$= 308.71 \text{（元）}$$

因此，上述债券的价格为：

645.28 + 308.71 = 953.99（元）

对于分期偿还债券，可以采用更加简便的方法计算其价格。例如，先可以将该债券分解为 5 种面值均为 200 元，偿还值均为 205 元，期限分别为 6 年、7 年、8 年、9 年和 10 年的债券；然后计算出每一种债券的价格后相加，即可得到原债券的价格。在计算每一种债券的价格时，应用 Makeham 公式可以简化计算过程。

如果分解后的每种债券具有相同的修正息票率 g，则由 Makeham 公式可知，第 $s(s = 1,2,3,4,5)$ 个债券的价格可表示为：

$$P_s = \frac{g}{i}(C_s - K_s) + K_s$$

其中，C_s 是第 s 个债券的偿还值；K_s 是第 s 个债券的偿还值的现值。那么，原债券的价格可表示为：

$$P = \frac{g}{i}\left(\sum_{s=1}^{5} C_s - \sum_{s=1}^{5} K_s\right) + \sum_{s=1}^{5} K_s$$

上式的前提条件是分解后的每个债券具有相同的修正息票率 g。这个条件通常能够得到满足，因为修正息票率是息票收入与偿还值的比率，而分期偿还债券一般采取等额分期偿还的方式，因此，分解后的每个债券具有相同的面值和相同的偿还值。当原债券的息票率给定以后，分解后每个债券的修正息票率自然是相等的。在本例中，因为每一个债券的面值均为 200，偿还值均为 205，原债券的息票率为 $r = 5\%$，所以分解后每个债券的修正息票率均为 $g = 200 \times 5\% \div 205 = 0.04878$。分解后 5 种债券的偿还值之和为：

$$\sum_{s=1}^{5} C_s = 205 \times 5 = 1025 \text{（元）}$$

5 种债券的偿还值的现值之和为：

$$\sum_{s=1}^{5} K_s = 205 v^5 a_{\overline{5}|0.06} = 205 (1 + 0.06)^{-5} \times \frac{1 - 1.06^{-5}}{0.06} = 645.28(元)$$

因此，原债券的价格为：

$$P = \frac{g}{i} \left(\sum_{s=1}^{5} C_s - \sum_{s=1}^{5} K_s \right) + \sum_{s=1}^{5} K_s$$

$$= \frac{0.04878}{0.06} \times (1025 - 645.28) + 645.28$$

$$= 953.99 \ (元)$$

更一般地，如果原债券可以分解为 n 个偿还值分别为 $C_s(s = 1,2,3,\cdots,n)$、偿还值的现值分别为 $K_s(s = 1,2,\cdots,n)$ 的债券之和，修正息票率为 g，那么原债券的价格可按下述公式计算：

$$P = \frac{g}{i} \left(\sum_{s=1}^{n} C_s - \sum_{s=1}^{n} K_s \right) + \sum_{s=1}^{n} K_s$$

其中，$\sum_{s=1}^{n} C_s$ 是上述 n 种债券的偿还值之和；$\sum_{s=1}^{n} K_s$ 是 n 种债券的偿还值的现值之和。

上面介绍了债券定价的四种方法（即基本公式、溢价/折价公式、基础金额公式以及 Makeham 公式），值得注意的是，上述四种方法并没有考虑税收情况。投资者每次取得利息收益都要缴纳所得税。记所得税率为 t_1，则债券定价的基本式（5.1）变为：

$$P = (1 - t_1)rFa_{\overline{n}|i} + Cv^n \tag{5.8}$$

溢价/折价式（5.2）变为：

$$P = (1 - t_1)rFa_{\overline{n}|i} + C(1 - ia_{\overline{n}|i}) = C + [rF(1 - t_1) - Ci]a_{\overline{n}|i} \tag{5.9}$$

式（5.6）变为：

$$P = G(1 - t_1) + [C - G(1 - t_1)]v^n \tag{5.10}$$

Makeham 式（5.7）变为：

$$P = \frac{g(1 - t_1)}{i}(C - K) + K \tag{5.11}$$

【例 5 - 8】 面值 1000 元的 10 年期债券，息票率为每年计息两次的年名义利率 8.4%，赎回值为 1050 元，票息所得税率为 20%。若按每年计息两次的年名义收益率 10% 购买，用上述四种方法求所得税后该债券的价格。

解： 由题意可得：$F = 1000$，$C = 1050$，$r = 8.4\%/2 = 0.042$，$g = \frac{rF}{C} = 1000 \times 0.042/1050 = 0.04$，$i = 10\%/2 = 0.05$，$n = 10 \times 2 = 20$，$K = Cv^n = 1050 \times (1 + 0.05)^{-20} = 395.734$，$G = \frac{rF}{i} = 1000 \times 0.042/0.05 = 840$，$t_1 = 20\%$，按照四个计算公式，有：

（1）基本公式：

$$P = (1 - t_1)rFa_{\overline{n}|i} + Cv^n$$

$$= 42 \times 0.8 \times a_{\overline{20}|0.05} + 1050 \times (1 + 0.05)^{-20}$$

$$= 33.6 \times 12.4622 + 395.734 \approx 814.46 （元）$$

（2）溢价/折价公式：

$$P = C + [Fr(1 - t_1) - Ci]a_{\overline{n}|i}$$

$$= 1050 + (42 \times 0.8 - 1050 \times 0.05) \times 12.4622$$

$$\approx 814.46 （元）$$

（3）基础金额公式：

$$P = G(1 - t_1) + [C - G(1 - t_1)]v^n$$

$$= 840 \times 0.8 + (1050 - 840 \times 0.8) \times (1 + 0.05)^{-20}$$

$$= 672 + (1050 - 672) \times 0.37689 \approx 814.46 （元）$$

（4）Makeham 公式：

$$P = K + \frac{g(1 - t_1)}{i}(C - K)$$

$$= 395.734 + \frac{0.04 \times 0.8}{0.05}(1050 - 395.734)$$

$$\approx 814.46$$

5.3　债券在任意时点上的价格和账面值

上一节讨论了债券在息票支付日期的价格和账面值，本节将讨论债券在相邻两个息票支付日期之间的价格和账面值。

5.3.1　债券的价格

为了便于说明，假设债券在上一个息票支付日期的价格为 P_0，在下一个息票支付日期的价格为 P_1，用 $P_t(0 < t < 1)$ 表示债券在这两个息票支付日期之间的价格，则它们之间的关系如图 5.2 所示。

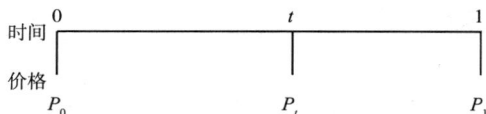

图 5.2　债券在两个息票支付日期之间的价格

【例5-9】证明相邻两个息票支付日期的价格 P_0 和 P_1 存在下述关系：

$$P_1 = (1+i)P_0 - rF \qquad (5.12)$$

证明：式（5.12）的右边可以变形为：

$$P_0(1+i) - rF$$
$$= (1+i)(rFa_{\overline{n}|i} + Cv^n) - rF$$
$$= rF\ddot{a}_{\overline{n}|i} + Cv^{n-1} - rF$$
$$= rF(1 + a_{\overline{n-1}|i}) + Cv^{n-1} - rF$$
$$= rFa_{\overline{n-1}|i} + Cv^{n-1}$$
$$= P_1$$

式（5.12）表明，下一个息票支付日期的价格等于上一个息票支付日期的价格的积累值减去当期的息票收入。

应用债券定价的基本原理，价格 P_t 应该等于未来息票收入在时间 t 的现值与到期偿还值在时间 t 的价值之和。未来息票收入与到期偿还值在时间0的现值为 P_0，因此，债券在时间 t 的价值为：

$$P_t = (1+i)^t \times P_0, 0 < t < 1 \qquad (5.13)$$

注意，P_t 中包含在时间1到期的部分息票收入，而 P_1 不包含在时间1到期的息票收入，所以当 $t=1$ 时，式（5.13）不成立。当 $t=1$ 时，P_0 和 P_1 之间的关系如式（5.12）所示。

债券在时间 t 的价格 P_t 也可以由 P_1 求得。P_1 中不包含在时间1到期的息票收入 rF，所以未来息票收入与到期偿还值在时间1的价值为 $rF + P_1$，将其折现 $1-t$ 年，即得债券在时间 t 的价格为：

$$P_t = (1+i)^{t-1} \times (rF + P_1) \qquad (5.14)$$

需要注意的是，基于时间0点计算的债券价格与基于时间1点计算的债券价格是等价的，也就是说，式（5.13）和式（5.14）是等价的。将式（5.12）代入式（5.14）可得：

$$P_t = (1+i)^{t-1} \times (P_1 + rF)$$
$$= (1+i)^{t-1} \times P_0 \times (1+i)$$
$$= (1+i)^t \times P_0$$

5.3.2 债券的账面值

债券的账面值是债券持有人的实际投资余额，等于债券的价格扣除应计息票收入。在息票支付日，应计息票收入为零，所以账面值等于债券价格；在其他时点上，账面值等于债券价格减去应计息票收入。

假设债券的到期收益率为 i，债券在时间 0 的价格（等于账面值）为 P_0，则在时间 $t(0 < t < 1)$ 的价格为 $P_t = (1 + i)^t \times P_0$，时间 t 的价格中扣除应计息票收入，可得在时间 t 的账面值 V_t 为：

$$V_t = P_t - (rF)_t = (1 + i)^t P_0 - (rF)_t \tag{5.15}$$

其中，$(rF)_t$ 表示从时间 0 到时间 t 的应计息票收入，实际的息票收入只能在时间 1 领取。

从时间 0 到时间 1 的息票收入为 rF，如果按到期收益率 i 计算，则从时间 0 到时间 t 的应计息票收入可以分别按复利和单利两种方法计算。

若按复利计算，如果从时间 0 到时间 1 可以产生 rF 的息票收入，那么在时间 0 的本金应为 rF/i。这个本金到时间 t 的积累值为 $\frac{rF}{i}(1 + i)^t$，从中扣除时间 0 的本金 rF/i，即得应计息票收入为：

$$(rF)_t = \frac{rF}{i}\big[(1 + i)^t - 1\big] \tag{5.16}$$

若按单利计算，如果从时间 0 到时间 1 可以产生 rF 的息票收入，则从时间 0 到时间 t 应计息票收入为：

$$(rF)_t = trF \tag{5.17}$$

与应计息票收入的计算方法相对应，债券的账面值有下述三种计算方法。

5.3.2.1 理论方法

$$V_t = (1 + i)^t \times P_0 - \frac{rF}{i}\big[(1 + i)^t - 1\big] \tag{5.18}$$

在该方法中，账面值在时间 t 的积累值和应计息票收入均按复利计算，从而可以产生精确的账面值，所以称为理论方法。

5.3.2.2 半理论方法

$$V_t = (1 + i)^t \times P_0 - trF \tag{5.19}$$

该方法将应计息票收入按单利近似计算，而账面值 P_0 在时间 t 的积累值仍然按复利计算，所以称为半理论方法。

在式（5.19）中，如果将账面值 P_0 在时间 t 的积累值也按单利近似计算，即将 $(1 + i)^t \times P_0$ 用单利公式 $(1 + ti) \times P_0$ 近似代替，则有下述实务法。

5.3.2.3 实务法

$$V_t = (1 + ti)P_0 - trF \tag{5.20}$$

该方法计算简单，应用广泛，所以称为实务法。

【例 5 – 10】 债券的面值为 1000 元，年息票率为 6%，期限为 3 年，到期按面值偿还债券的到期收益率为 8%，计算债券在购买 6 个月后的价格和账面值。

解： 由题意可知，$C = F = 1000$，$r = g = 6\%$，$n = 3$，$i = 8\%$，应用溢价/折价式（5.2）可得债券在购买日的价格为：

$$P_0 = C[1 + (g - i)a_{\overline{n}|i}] = 1000[1 + (0.06 - 0.08)a_{\overline{3}|0.08}] = 948.46（元）$$

应用式（5.13）可得债券在购买 6 个月后的价格为：

$$P_t = (1 + i)^t \times P_0 = 984.46 \times (1 + 0.08)^{0.5} = 985.67（元）$$

债券在购买 6 个月后的账面值可以有三种不同的计算方法（即理论方法、半理论方法、实务法），若按理论方法计算，由式（5.18）可知债券在 6 个月后的账面值为：

$$V_t = (1 + i)^t \times P_0 - \frac{rF}{i}[(1 + i)^t - 1]$$

$$= 985.67 - \frac{0.06 \times 1000}{0.08}[(1 + 0.08)^{0.5} - 1]$$

$$= 956.25（元）$$

若按半理论方法计算，由式（5.19）可知债券在 6 个月后的账面值为：

$$V_t = (1 + i)^t \times P_0 - trF$$

$$= 985067 - 0.5 \times 0.06 \times 1000$$

$$= 955.67（元）$$

若按实务法计算，由式（5.20）可知债券在 6 个月后的账面值为：

$$V_t = (1 + ti) \times P_0 - trF$$

$$= (1 + 0.05 \times 0.08) \times 948.46 - 0.5 \times 0.06 \times 1000$$

$$= 956.40（元）$$

如果将本例的债券在每个季度末计算一次价格和账面值，则结果如表 5.6 所示。

表 5.6 债券在每个季度末的价格和账面值 单位：元

季度	价格	账面值		
		理论方法	半理论方法	实务法
0	948.46	948.46	948.46	948.46
1	966.89	952.32	951.89	952.43
2	985.67	956.25	955.67	956.40
3	1005.00	960.25	959.82	960.37

续表

季度	价格	账面值		
		理论方法	半理论方法	实务法
4	964.34	964.34	964.34	964.34
5	983.07	968.50	964.34	968.63
6	1002.17	972.75	972.17	972.91
7	1021.64	977.07	976.64	977.20
8	981.48	981.48	981.48	981.48
9	1000.55	985.98	985.55	986.11
10	1019.98	990.56	989.98	990.74
11	1039.80	995.24	994.80	995.37
12	1000.00	1000.00	1000.00	1000.00

　　从表 5.6 可以看出，首先，账面值的增加过程是平滑的，且根据三种不同方法计算的账面值十分接近，在每年末完全相等；其次，债券的价格呈阶梯递增形式，但在每年末，债券的价格等于债券的账面值。

　　债券的价格之所以呈现出这种增长形式是因为息票收入只在每年末进行支付。在每个年度内，债券价格的增长过程是平滑的。在每个年度末，息票收入支付以后，债券价格将发生一次下跌，从而使得债券价格在整个增长过程中呈现出阶梯递增的形式。图 5.3 描述了债券价格和账面值的变化过程，其中，横轴表示时间，纵轴表示债券的价格和账面值，虚线表示债券价格的变化过程，实线表示债券账面值的变化过程。

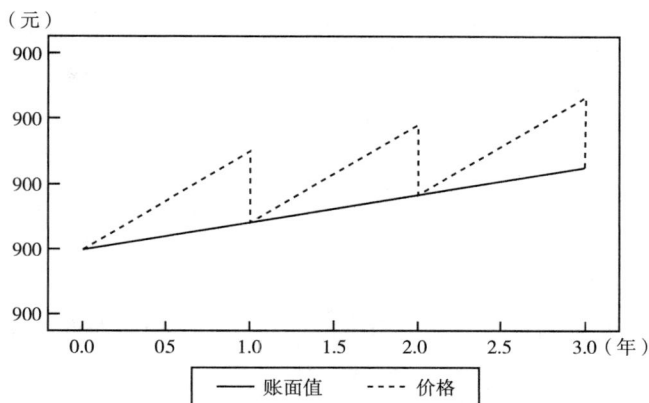

图 5.3　债券价格和账面值的变化过程

　　Excel 实现：应用 PRICE 函数计算债券的账面值，该函数是应用半理论方法计算的，在债券的付息日，债券的账面值等于债券的价格。

例如，假设〖例 5 – 10〗中债券的面值为 100 元，发行日期为 2022 年 1 月 1 日，到期日为 2025 年 1 月 1 日，计算该债券在任意日期的账面值。在一个空白单元格中输入" = PRICE（DATE（2022，7，1），DATE（2025，1，1），0.06，0.08，100，1，3）"并回车，即可求得其发行 6 个月以后（即 2022 年 7 月 1 日）的账面值为 95.56 元，该债券的实际面值为 1000 元，因此账面值应为 955.6 元。

5.4 到期收益率的确定

给出债券的到期收益率，可以应用债券的基本公式计算出债券的价格和账面值。反之，如果已知债券的价格，也可以求出债券的到期收益率。

5.4.1 息票支付日付息后购入债券的收益率

由溢价/折价公式可知，$P = C + C(g - i)a_{\overline{n}|i}$，又已知债券买价 P，可令 $k = \dfrac{P - C}{C}$，则 $(g - i)\,a_{\overline{n}|i} = k$。

$$i = g - \frac{k}{a_{\overline{n}|i}} \tag{5.21}$$

又因为：

$$\frac{1}{a_{\overline{n}|i}} = \frac{1}{n}\left[1 + \frac{n + 1}{2}i + \frac{n^2 - 1}{12}i^2 + \cdots \right]$$

所以：

$$i \approx g - k\frac{1}{n}\left[1 + \frac{n + 1}{2}i \right]$$

整理得：

$$i \approx \frac{g - \dfrac{k}{n}}{1 + \dfrac{n + 1}{2n}k} \tag{5.22}$$

式（5.22）是近似计算到期收益率的简单方法——债券推销商法的基础。根据这种方法，令 $\dfrac{n + 1}{2n} \approx \dfrac{1}{2}$，则：

$$i \approx \frac{g - \dfrac{k}{n}}{1 + \dfrac{1}{2}k} \tag{5.23}$$

式（5.22）和式（5.23）都能为迭代提供很好的初值。直接用式（5.21）就可以进行迭代运算，收敛速度很快。Newton-Raphson 迭代法则更有效，这种法则计算债券收益的迭代公式为：

$$i_{s+1} = i_s \left[1 + \frac{ga_{\overline{n}|i} + v^n - \dfrac{P}{C}}{ga_{\overline{n}|i} + (i_s - g)nv^{n+1}} \right] \qquad (5.24)$$

其中，利息函数按 i_s 计算。收敛速度非常快，如果要进行大量的计算，这是非常好的方法。

另外，由基本公式 $P = rFa_{\overline{n}|i} + Cv^n$ 也可求到期收益率。

【例 5-11】假设 2024 年 1 月 1 日发行一种面值为 100 元的付息债券，2027 年 1 月 1 日到期，每年支付一次利息，年息票率为 5%。如果该债券的发行价格为 95 元，计算其到期收益。

解：由题意可知，该债券期限为 3 年，到期收益率是以下方程的解：

$$95 = 5\% \times 100 \times \frac{1 - (1+i)^{-3}}{i} + 100 \times (1+i)^{-3}$$

求解上述方程，即可求得到期收益率为 6.9%。

Excel 实现：在 Excel 中，可以应用 YIELD 函数求解债券的到期收益率。

YIELD 函数

例如，对于〖例 5-11〗中的债券，在一个空白单元格中输入 "=YIELD（DATE（2024，1，1），DATE（2027，1，1），0.05，95，100，1，3）" 并回车，即可求得该债券的收益率为 6.9%。

【例 5-12】面值 100 元的 10 年期债券，每年计息两次的年名义息票率为 8%，现以 90 元出售，求每年计息两次的年名义收益率。

解：由题意有：

$$k = \frac{P - C}{C} = \frac{90 - 100}{100} = -0.1$$

若用债券推销商法，则每计息期收益率为：

$$i = \frac{g - \dfrac{k}{n}}{1 + \dfrac{1}{2}k} = \frac{8\%/2 - (-0.1)/20}{1 + 0.5 \times (-0.1)} = 0.0474$$

即每年计息两次的年名义收益率为 $2 \times 4.74\% = 9.48\%$。

若用更精确一点的式（5.22），则：

$$i = \frac{g - \dfrac{k}{n}}{1 + \dfrac{n+1}{2n}k} = \frac{4\% - (-0.1)/20}{1 + (21/2 \times 20)(-0.1)} = 0.0475$$

即每年计息两次的年名义收益率为 $2 \times 4.75\% = 9.50\%$。

若用式（5.21）进行迭代运算，初值为 $i_0 = 4.75\%$，则 $i_0 = 0.0475$，$i_1 = 0.04786$，$i_2 = 0.04788$，$i_3 = 0.04788$。每年计息两次的年名义收益率为 $2 \times 4.788\% = 9.576\%$。可见，这种迭代的收敛速度的确是很快的。若用 Newton-Raphson 迭代法，可增加小数位数，进一步提高精确程度。用带有金融函数的计算器运算，得 $i_0 = 0.0475$，$i_1 = 0.04788$，$i_2 = 0.0478807$，$i_3 = 0.0478807$。即每年计息两次的年名义收益率为 $2 \times 4.78807\% = 9.57614\%$。

5.4.2 票息支付期间购入债券的收益率

这种情况下计算到期收益率需要更复杂的迭代运算。在实务中，常规公式用于整段票息期的计算，半理论法用于非整数息票期的计算，而包括这两部分时间在内的总的收益率要达到所要求的精确度，就需要进行迭代运算。用计算机或带有金融函数的袖珍计算器来完成。

【例 5 - 13】假设 〖例 5 - 12〗中的债券是 3 月 1 日发行的，两年后的 5 月 15 日其市价为 88 元，计算此时购买该债券的收益率。

解：因为从 3 月 1 日到 5 月 15 日的天数为 $135 - 60 = 75$（天），从 3 月 1 日到 9 月 1 日的天数为 $244 - 60 = 184$（天），所以，$k = 75/184$。

根据 $(1 + i)^{-\frac{184-75}{184}} [4 + 4v + \cdots + 4v^{15} + 100v^{15}] = 88$，用袖珍计算器通过迭代计算的答案是 $i = 5.1347\%$，所以每年计息两次的年名义收益率为 10.2694%。

5.4.3 票息重新投资情况下的收益率

设债券买价为 P，共有 n 个息票支付期，n 期期末赎回值为 C，每期末取得票息 rF 并以利息 j 重新投资。用 i' 表示息票再投资情况下的债券收益率，那么在 n 期期末该投资的值有下列等式：

$$P(1 + i')^n = rFs_{\overline{n}|j} + C \tag{5.25}$$

则：

$$i' = \left(\frac{rFs_{\overline{n}|j} + C}{P} \right)^{\frac{1}{n}} - 1 \tag{5.26}$$

零息票债券之所以受欢迎，是因为没有息票需要再投资，投资者不存在重新投资的风险，整个投资的收益率在购买债券时就已完全确定了。

【例 5 - 14】假设 〖例 5 - 12〗中债券的票息只能以每年计息两次的年名义利率 6% 的利率再投资，求考虑再投资利率的收益率。

解： 由：$P(1 + i')^n = Frs_{\overline{n}|j} + C$ 得：

$$(1 + i')^{20} = \frac{Frs_{\overline{n}|j} + C}{P} = \frac{4s_{\overline{20}|3\%} + 100}{90} \approx 2.30535$$

$i' \approx 0.04265$

则每年计息两次的年名义收益率为 $2 \times 0.04265 = 8.53\%$。

5.5 可赎回债券

可赎回债券是债券到期前发债人可提前赎回的债券。最早的赎回日通常在债券发行几年之后。债券期限的不确定给价格和收益率的计算带来了困难。由于发债人可选择赎回日，因而投资者就得按对自己最不利的赎回日来计算价格或收益率。这是投资者购买可赎回债券时计算的原则，可用溢价/折价公式 $P = C[1 + (g - i)a_{\overline{n}|i}]$ 来解释。P 是债券的理论价格，也是投资者未来回报（包括息票和赎回值）的现值。实际购买价格一定时，这个现值越小，对投资者越不利。

在各赎回日（包括到期日，下同）回收的债券，其赎回价都相等的条件下，这一原则相当简单。

如果收益率小于修正票息率，即债券溢价发行，就假设赎回日尽可能早。因为最不利于投资者的情况是 P 最小，此时 n 应为最小，即赎回日尽可能早。

如果收益率大于修正票息率，即债券折价发行，就假设赎回日尽可能晚。因为要使 P 最小，n 应为最大，即赎回日尽可能晚。

在各赎回日回收的债券其赎回值不相等的条件下，设在期间 1 中各赎回日以 C_1 赎回，在期间 2 中各赎回日以 C_2 赎回……在期间 m 中各赎回日以 C_m 赎回，到期日以 C_n 赎回，如图 5.4 所示。

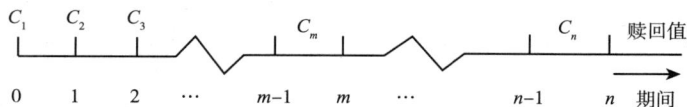

图 5.4 各期间赎回值

最不利于投资者的是 C 与 $1 + (g - i)a_{\overline{n}|i}$ 的乘积为最小的情况。

当 $i < g$ 债券溢价发行时，n 越大，$1 + (g - i)a_{\overline{n}|i}$ 越大。对于期间 $k(k = 1, 2, \cdots, m)$，C_k 一定要使 P 最小，n 应为最小。算出各期间最小的 P_k 和到期日对应的 P_n，比较 $P_k(k = 1, 2, \cdots, m)$ 和 P_n 求出最小的 P，相应就确定了 n，即确定了对

投资者最不利的赎回日。

当 $i > g$ 债券折价发行时，n 越大，$1 + (g - i)a_{\overline{n}|i}$ 越小。对于期间 $k(k = 1,$
$2, \cdots, m)$，C_k 一定要使 P 最小，n 应为最大。算出各期间最小的 P_k 和到期日对应
的 P_n，比较 $P_k(k = 1, 2, \cdots, m)$ 和 P_n，求出最小的 P，相应就确定了 n，即确定了对
投资者最不利的赎回日。在这种情况下，实务中非常普遍的现象是 $C_1 > C_2 > \cdots$
$C_m > C_n$，而到期日的 n 最大，因而到期日对应的 P 最小。

【例 5 - 15】 面值 100 元、息票率为每年计息两次的年名义利率 4% 的债
券，在发行后 5 年开始至 10 年的各付息日可按 109 元赎回，在发行后 10 年开
始至 15 年的各付息日可按 104.5 元赎回，在 15 年末到期日按 100 元赎回。若
每年计息两次的年名义收益率为（1）5%、（2）3%，求投资者愿付的最高
价格。

解：（1）$i > g$，而且 $109 > 104.5 > 100$，可见，对投资者最不利的赎回日是
债券到期日。价格为：

$100 + (2 - 100 \times 2.5\%)a_{\overline{30}|2.5\%} = 89.53$（元）

（2）$i < g$，债券溢价发行，分段计算价格如下：

第一阶段 $n = 10, 11, \cdots, 19$，

$109.00 + (2 - 109.00 \times 1.5\%)a_{\overline{n}|1.5\%} = 109.00 + (2 - 1.6350)a_{\overline{n}|1.5\%}$

第二阶段 $n = 20, 21, \cdots, 29$，

$104.50 + (2 - 104.50 \times 1.5\%)a_{\overline{n}|1.5\%} = 104.50 + (2 - 1.5675)a_{\overline{n}|1.5\%}$

到期日 $n = 30$

$100.00 + (2 - 100.00 \times 1.5\%)a_{\overline{n}|1.5\%} = 100.00 + (2 - 1.5000)a_{\overline{n}|1.5\%}$

要使价格 P 最低，各段中 n 应取最小值，则：

$109.00 + (2 - 16350)a_{\overline{n}|1.5\%} = 109.00 + 0.3650 \times 9.2222 = 112.37$

$104.50 + (2 - 1.5675)a_{\overline{n}|1.5\%} = 104.50 + 0.4325 \times 17.1686 = 111.93$

$100.00 + (2 - 15000)a_{\overline{n}|1.5\%} = 100.00 + 0.5000 \times 24.0158 = 112.01$

比较可见，最低价 111.93 元出现在 $n = 20$，即债券发行后 10 年整赎回。赎
回值超过面值的部分，如本例中的 9 元和 4.5 元，常称为赎回溢价。

5.6 巨 灾 债 券

5.6.1 巨灾债券的含义

巨灾债券是巨灾风险证券化的主要产品之一。这里的巨灾风险是指未来可能

对保险公司造成巨大损失甚至破产的系统性风险。巨灾风险证券化是保险证券化的一种。一般地，保险证券化可以分为资产证券化和负债证券化两类，它们分别是指证券化发起人的资产负债表中资产和负债的证券化，即转移到证券化产品中的现金流分别来自资产和负债。由于保险公司承保的巨灾风险是保险公司的或有负债，因而巨灾风险证券化是负债的证券化。巨灾风险证券化为保险公司提供了一种新的风险管理手段。巨灾债券是迄今为止所有巨灾风险证券化产品中最成功、最典型也是最重要的一种。

巨灾债券是保险公司为了转移承保的巨灾风险而发行的债券。这种债券同一般的企业债券相比，多了一种"合理违约"的可能，即在债券发行时，保险公司要求投资者在某段特定时间内出现约定情况时，放弃债券的部分或全部利息，甚至是本金。

巨灾债券可以视为债券和嵌入期权的合成。投资者买入巨灾债券相当于在买入保险公司发行的普通公司债券的同时向保险公司卖出了一个期权，该期权的执行条件是约定的巨灾事件发生。当期权的执行条件不满足时，保险公司须支付利息和本金；而当期权执行的条件得以满足时，保险公司执行期权，投资者将面临一定程度的损失。期权执行的条件也称为触发条件，触发条件一般是针对与巨灾风险相关的数据设定的，如单次赔偿额或者风险系数等。

5.6.2　巨灾债券的设计和发行原理

巨灾债券通常是由保险公司发起。保险公司因承保投保人面临的巨灾风险而建立了一个或有负债。巨灾保险产品约定在特定的巨灾风险发生时，保险公司负有赔偿责任；投保人则需要向保险公司支付保费以获得可能的赔付。

保险公司将收到的保费放在资产负债表的负债项下，巨灾风险证券化则将负债通过证券化安排转移到证券市场。这种转移通常需要借助特殊目的的再保险机构（SPRV）来实现。SPRV 是一个独立的、依靠负债融资的机构，该机构为保险公司提供巨灾风险的再保险保障，同时接受保险公司分保出来的巨灾风险以及相应的再保险保费，并以此为基础发行巨灾债券。SPRV 的发行收入是向保险公司提供保障资金的来源。SPRV 的目的是最大限度地降低保险公司破产对巨灾债券持有人的影响，实现了保险公司承保的巨灾风险与其他风险的"隔离"。

从欧洲市场看，巨灾风险的投资者一般为机构投资者，包括保险基金、退休基金、寿险公司等。在巨灾债券的条款中，触发条件一般可以分为两类：赔偿型触发条件和指数型触发条件。赔偿型条件用保险公司实际的损失数据表示，它代表了保险公司损失的实际水平，因此，它能反映巨灾债券实际的赔偿情况；指数型触发条件则是用某种指数来代表损失的相对水平，能反映损失的某种总体状况。

出于安全性的考虑，保险公司或 SPRV 通常会委托信托机构持有信托资产，并灵活约定信托机构的职能。在巨灾债券的发行中，通常的做法是：SPRV 把发行巨灾债券所获得的资金和保险公司支付给 SPRV 的保费存入一个信托机构。放在信托机构的这些资金是巨灾风险的再保险准备金，它们只能用来支付保险公司的索赔或支付巨灾债券的利息及本金。如果在一个特定的时期内，巨灾风险没有达到约定的触发条件，投资者的全部本金和利息将由信托机构支付。但是，如果巨灾风险达到了触发条件，投资者的收入将减少，信托因此节余的资金将用于再保险索赔的支付，这就保证了投资者不会受到保险公司其他业务风险的影响。图 5.5 展示了投保人、保险公司、SPRV、投资者和信托机构之间的关系，它们之间的关系也反映了巨灾债券的运行程序。

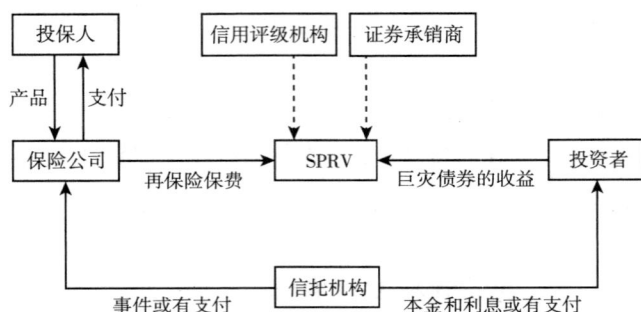

图 5.5　巨灾债券的简单流程

图 5.5 表示的巨灾债券的参与方包括直接参与方（它们之间的关系用实线表示）和中介方（它们之间的关系用虚线表示）。实际中，巨灾债券的发行需要众多的中介机构参与，主要的中介机构包括模型机构、信用评级机构、监管机构、投资银行等。模型机构为巨灾债券提供专业的风险分析和评估。信用评级机构为巨灾债券进行信用评级，向投资者传达相关信息，从而消除信息不对称可能给巨灾债券销售带来的影响。监管机构对于产品的运行进行监管，保证市场信息的通畅和市场交易的有序。投资银行协助债券发行人包装巨灾债券，并以私募或公募方式出售其包销或代销的巨灾债券。中介机构一般还包括与巨灾债券运行有关的其他机构，如律师事务所、会计师事务所、评估师事务所、财务顾问、交易机构管理人等。

5.6.3　巨灾债券的特点

与普通的公司债相比，巨灾债券有如下优缺点。

5.6.3.1　巨灾债券的优点

保险公司可以根据自身需要对巨灾债券的触发条件和其他条款进行设计，以达到最大限度地实现融资和转移超额风险的目的。对于投资者而言，巨灾债券能提供比其他同等级债券更高的收益率，给投资者更多的选择。根据投资组合的基本原理，可选择资产增多能够扩大投资组合的有效边界，从而提高投资效率。对投保人而言，巨灾债券通过证券市场转移了保险公司的风险，从而消除了因保险公司破产给投保人带来的赔付风险。由于巨灾风险是一种系统性的风险，一旦发生将造成大量保险标的的损失，因此，严格来说巨灾风险不属于可保风险的范畴。但巨灾风险客观存在，投保人有保险需求，而巨灾债券和其他衍生品能将保险业所承担的风险转移到证券市场中，大大减少了保险公司提供巨灾保险产品的忧虑，从而促进了保险业承保范围的扩大和保险业的发展。

5.6.3.2　巨灾债券的缺点

根据投资组合原理，巨灾风险对保险业而言无疑是系统性的，但对整个证券市场而言，巨灾风险则是特有风险，因为这里的巨灾风险仅是来自自然界的风险。除了上述的优点之外，巨灾债券还存在一些不足之处。首先，从国际上已有的巨灾债券的现状看，巨灾债券的发行成本较高。不同种类的巨灾风险需要进行不同的定价及风险分析；保险公司需要对债券的价格及其他相关信息进行披露，这无疑会增加保险公司发行巨灾债券的成本。其次，保险公司还不能完全控制基差风险。这里的基差风险是指构造证券化产品的巨灾指数与保险公司的巨灾赔偿不完全一致给保险公司带来损益。事实上，对巨灾指数的准确描述是巨灾债券定价的关键，但巨灾风险事件的样本数据较少，且造成巨灾的风险因素极为复杂，因此，准确给出描述巨灾指数的数学表达式是很困难的，这正是巨灾债券难以定价的原因所在。最后，对于投资者而言，巨灾债券的流动性比普通债券差，这在一定程度上减弱了投资者购买巨灾债券的积极性。

总体来看，巨灾债券作为保险公司的一种风险转移的手段有着重要意义，无论是对保险业，还是对证券市场和投资者，它的意义都远大于其缺陷和不足。

5.6.4　巨灾债券的定价

考虑如下的巨灾债券：债券的面值为 N、期限为 n 年；如果触发条件没有达到，在第 1 期（$1 \leqslant i \leqslant n$）支付票息，到期偿还本金；如果触发条件满足，则停止支付息票和本金。该巨灾债券的价格可以表示为：

$$P = \sum_{t=1}^{n} \frac{E(C_t)}{(1 + i_t)^t} \tag{5.27}$$

其中，i_t 为第 t 期的贴现率，可以视为相应期限的无风险收益率与风险溢价之和；C_t 为第 t 期的现金流，因为 C_t 依赖于约定的风险是否发生，所以 C_t 是一个随机变量。

由式（5.27）可以看出，巨灾债券定价的关键在于确定巨灾风险事件在各期内出现的概率以及各期限的贴现率。前者需要通过分析历史数据得到，而后者可以应用蒙特卡罗模拟方法或者利率二叉树法得到。

一种定价方法是将巨灾债券视为普通公司债券和巨灾期权的组合，所以巨灾债券的价格就等于普通公司债券的价格减去巨灾期权的价格，即：

巨灾债券的价格 = 普通公司债券的价格 – 巨灾期权的价格公司

债券的价格可以通过本章前面给出的定价法得到。下面我们仅介绍巨灾指数期权的期望定价法和风险中性定价法。

5.6.4.1　期望定价法

假设 T 为巨灾事件首次出现的时间。T 可能大于 n，如果 $T > n$，巨灾债券的持有人可以获得全部利息和本金的支付，此时巨灾债券类似于普通的企业债券；如果 $T \leqslant n$，巨灾债券的持有人将损失利息或本金。设：

$$T_n = \min(T, n)$$

则 T_n 仍为随机变量。设 c_{T_n} 为巨灾期权在 T_n 时的支付额，v_{T_n} 为 T_n 期的贴现因子，Z 为支付额的现值。于是：

$$Z = c_{T_n} v_{T_n}$$

如果支付额 c_{T_n} 的分布是已知的，我们可以根据精算等价原则得到巨灾期权的定价公式（所谓精算等价原则，是指产品的价格等于该产品产生现金流的精算现值），因此，巨灾期权的价格为：

$$P = E(Z) = E(c_{T_n} v_{T_n})$$

用 $f(T_n)$ 表示 T_n 的概率密度函数；若期权规定在 n 年内发生约定的巨灾事件发生时，期权支付额 c_{T_n} 的概率密度函数为 $g(T_n)$；假设在 n 年内均采用 δ 作为连续贴现率，则期权的价格为：

$$P = E(Z) = E(c_{T_n} v_{T_n}) = \int_0^n g(T_n) e^{-\delta T_n} f(T_n) \, dT_n$$

特别地，若 $c_{T_n} \equiv 1$，则期权的价格为：

$$P = E(Z) = E(c_{T_n} v_{T_n}) = \int_0^n e^{-\delta T_n} f(T_n) \, dT_n$$

5.6.4.2　风险中性定价法

我们用一种最简单的情况说明该方法的含义。假定巨灾债券是零息的，其触发条件依赖于某个灾害指数 I_t。如果在债券的存续期内，指数 I_t 未达到触发条件 K，则巨灾债券的持有人获得债券的面值 N；反之，若 I_t 在存续期内达到 K，则持有人获得 $(1-\alpha)N$，这里 $0<\alpha\leqslant l$ 为常数。

假设指数 I_t 服从几何布朗，即：

$$dI_t = \mu L_t \mathrm{d}t + \sigma I_t dW_t$$

其中，μ、σ 为常数。在风险中性概率测度 Q 下，债券 t 时刻的价格等于债券未来的现金流按无风险利率 r 的贴现值。即：

$$P_t = E^Q\left[e^{-\gamma(T-t)}\left(NI_{|T>n|} + (1-\alpha)NI_{|T\leqslant n|}\right)\right] \tag{5.28}$$

其中，T 为巨灾事件首次出现的时间，$I_{|T>n|}$ 和 $I_{|T\leqslant n|}$ 均为示性函数。由式（5.28）可得：

$$P_t = e^{-r(T-n)}N\left[1 - \alpha E^Q(I_{|T\leqslant n|})\right] \tag{5.29}$$

又因 $E^Q(I_{|T\leqslant n|}) = Q(\{T\leqslant n\})$，代入式（5.29）可得：

$$P_t = e^{-r(T-n)}N\left[1 - \alpha Q(\{T\leqslant n\})\right] \tag{5.30}$$

因此，计算 P_t 的关键是计算在风险中性概率测度下 I_t 首达 K 的时间不超过 n 的概率。在测度 Q 下，几何布朗运动可写为：

$$dI_t = rI_t\mathrm{d}t + \sigma I_t d W_t^Q$$

其中，W_t^Q 为 Q 标准布朗运动。由式（5.30）可以得到：

$$P_t = Ne^{-r(T-t)}\left[1 - \alpha\left(\Phi(d_1) + \frac{I_t}{K}^{1-\frac{2t}{\sigma^2}}\Phi(d_2)\right)\right]$$

其中，$d_1 = \dfrac{\ln\left(\dfrac{I_t}{K}\right)+\left(r+\dfrac{1}{2}\sigma^2\right)n}{\sigma\sqrt{n}}$，$d_2 = \dfrac{\ln\left(\dfrac{I_t}{K}\right)+\left(r-\dfrac{1}{2}\sigma^2\right)n}{\sigma\sqrt{n}}$，$\Phi(\cdot)$ 为累积正态分布函数。考虑到复杂性，略去上式的证明。

━━━━ 习　　题 ━━━━

1. 债券的面值为 1000 元，年息票率为 5%，期限为 5 年，到期按面值偿还，到期收益率为 6%。计算债券的价格和第 2 年末的账面值。

2. 债券的面值为 1000 元，期限为 5 年，到期按面值偿还，年息票率为 6%。该债券的发行价格为 950 元，计算投资者购买该债券的到期收益率。

3. 两种1000元的债券在相同的期限末以面值赎回，现以每年计息两次的年名义利率4%的收益率购买。一种债券价值1136.78元，息票率为每年计息两次的年名义利率5%。另一种债券的息票率为每年计息两次的年名义利率2.5%，求该债券的价格。

4. 某1000元的债券，息票率为每年计息两次的年名义利率9%，若干年后可以1125元赎回。现以每年计息两次的年名义利率10%的收益率购买，若按该收益率计算赎回值的现值为225元，求购买价格。

5. 面值1000元的 n 年期债券，到期以面值赎回，年息票为100元。现以1110元购买，若 $K=450$，求基础金额 G。

6. 一种 n 年期债券的面值为1000元，年息票率为8%。该债券在第3年末的账面值为1099.84元，在第5年末的账面值为1082.27元。计算该债券的价格。

7. 面值1000元的 n 年期债券，到期以面值赎回，票息率为每年计息两次的年名义利率12%。以某价格购入能取得每年计息两次的年名义利率10%的收益率。若债券期限加倍，则价格增加50元。求该 n 年期债券的价格。

8. 某1元的债券，票息率是收益率的150%，溢价为 P。第二种1元的债券，与前一种债券有相同的票息期数和收益率，票息率是收益率的75%。求第二种债券的价格。

9. 已知下述三种10年期债券的面值均为1000，且具有相同的到期收益率：

（1）债券 A 的年息票率为8%，每半年支付一次利息，折价发行，折价为 X。

（2）债券 B 的年息票率为9%，每半年支付一次利息，溢价发行，溢价为 Y。

（3）债券 C 的年息票率为10%，每半年支付一次利息，溢价发行，溢价为 $2X$。

如果 $X=10$ 元，请计算 Y 的值。

10. 债券的期限为20年，面值为1000元，到期偿还1050元，每年末支付一次利息。第一次支付的息票收入为50元，以后每次支付的息票收入比上一次增长3%。如果以价格 P 购买该债券，则可以产生8%的到期收益率。计算该债券的价格 P。

11. 投资者购买了一个面值为1000元的10年期债券，息票率为8%，每半年末支付一次利息。如果债券在到期时按面值偿还，则每半年复利一次的到期收益率为7%。如果债券在第5年末赎回，则为了保证产生相同的到期收益率，赎回价格应为 X。求 X。

12. 投资者买两种 20 年期债券，均为半年期票息，都以面值到期，都以相同的收益率购入。其中一种面值为 500 元、息票为 45 元，另一种面值为 1000 元、息票为 30 元。第一种债券的溢价额是第二种债券折价额的两倍。求每年计息两次的年名义收益率。

13. 某 100 元的债券，每年付一次票息，在第 15 年末可以面值赎回，以 92 元的价格购入所得收益率恰好比息票率大 1%。求收益率。

14. 面值 1000 元的债券，票息率为每季复利 8%，发行 5 年后可赎回。在 10 年末债券以 1000 元到期，在不收回的假设条件下债券以每季复利 6% 的名义收益率发行。若购买者取得相同收益率，求 5 年末债券的赎回值。

15. 面值 1000 元半年票息率 4% 的债券在第 10 年末到期，在第 4 年末至第 6 年末可以 1050 元赎回，在第 7 年末至第 9 年末可以 1025 元赎回，在第 10 年末以 1000 元赎回。若收益肯定为每年计息两次的年名义利率 5%，求投资者愿付的最高价格。

主要参考文献

［1］刘占国．利息理论［M］．北京：中国财政经济出版社，2006．

［2］熊福生．利息理论［M］．武汉：武汉大学出版社，2004．

［3］孟生旺，袁卫．利息理论及其应用［M］．北京：中国人民大学出版社，2001．

［4］菲歇尔．利息理论［M］．陈彪如，译．上海：上海人民出版社，1999．

［5］凯利森．利息理论［M］．尚汉冀，译．上海：上海科学技术出版社，1995．

［6］徐景峰．金融数学［M］．北京：中国财政经济出版社，2011．

［7］孟生旺．金融数学［M］．北京：中国人民大学出版社，2021．

［8］张仿．Excel 在数据管理与分析中的应用［M］．北京：清华大学出版社，2013．